Impressum
Verlag: BABADADA GmbH, Nedderfeld 112 , 22529 Hamburg
Geschäftsführer / Verlagsleitung: Harald Hof
Druck: Books on Demand GmbH, In de Tarpen 42, 22848 Norderstedt

Imprint
Publisher: BABADADA GmbH, Nedderfeld 112 , 22529 Hamburg, Germany
Managing Director / Publishing direction: Harald Hof
Print: Books on Demand GmbH, In de Tarpen 42, 22848 Norderstedt

σχολείο

ምህር ቤ

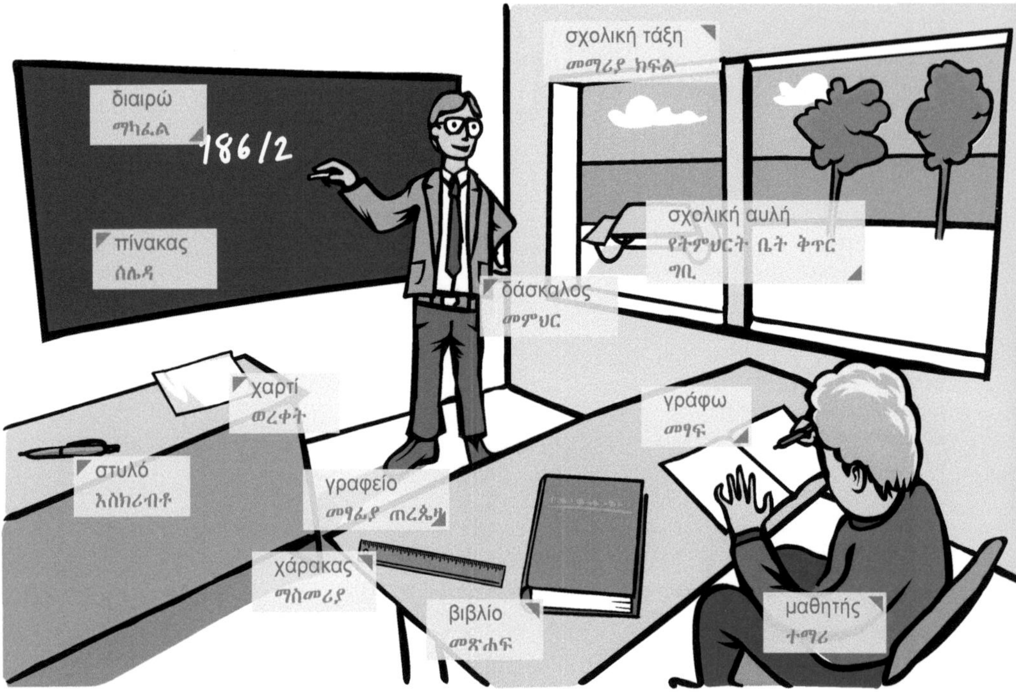

διαιρώ
ማካፈል
186/2
πίνακας
ሰሌዳ
σχολική τάξη
መማሪያ ክፍል
σχολική αυλή
የትምህርት ቤት ቅጥር ግቢ
δάσκαλος
መምህር
χαρτί
ወረቀት
γράφω
መፃፍ
στυλό
እስክሪብቶ
γραφείο
መፃፊያ ጠረጴዛ
χάρακας
ማስመሪያ
βιβλίο
መጽሐፍ
μαθητής
ተማሪ

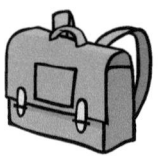

σχολική τσάντα

የጀርባ ቦርሳ

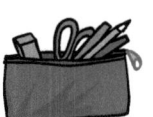

κασετίνα/ μολυβοθήκη

የእርሳስ መያዣ

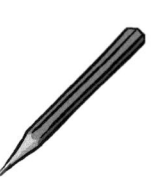

μολύβι

እርሳስ

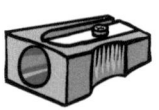

ξύστρα

የእርሳስ መቅረጫ

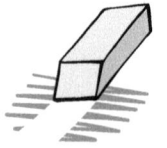

γόμα

ላጲስ

μπλοκ ζωγραφικής

የስዕል ደብተር

ζωγραφική

ስዕል

πινέλο

የቀለም ብሩሽ

κουτί χρωμάτων

የቀለም ሳጥን

ψαλίδι

መቀስ

κόλλα

ማጣበቂያ

τετράδιο ασκήσεων

መልመጃ ደብተር

εργασία για το σπίτι

የቤት ስራ

αριθμός

ቁጥር

προσθέτω

መደመር

αφαιρώ

መቀነስ

πολλαπλασιάζω

ማባዛት

υπολογίζω

ቁጥሮችን ማስላት

γράμμα

ደብዳቤ

αλφάβητο

ፊደላት

hello

λέξη

ቃል

κείμενο

ፅሑፍ

διαβάζω

ማንበብ

κιμωλία

ጠመኔ

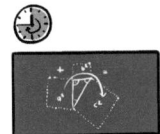

μάθημα

ትምህርት

εγγράφομαι

ምዝገባ

τεστ

ፈተና

πιστοποιητικό

ሰርተፊኬት

μαθητική στολή

የትምህርት ቤት የደንብ ልብስ

εκπαίδευση

ትምህርት

εγκυκλοπαίδεια

አዉደ ጥበብ

πανεπιστήμιο

ዩኒቨርስቲ

μικροσκόπιο

የምርምር አጉሊ መሳርያ

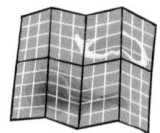

χάρτης

ካርታ

καλάθι αχρήστων

የቆሻሻ ወረቀት መጣያ ቅርጫት

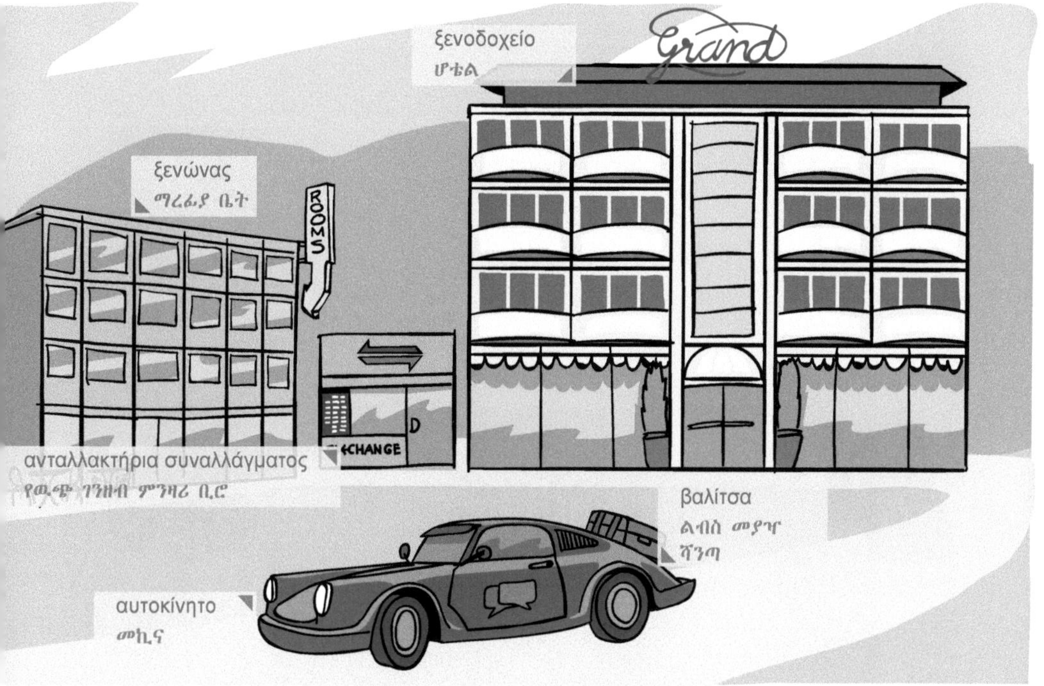

ξενοδοχείο
ሆቴል
Grand
ξενώνας
ማረፊያ ቤት
ROOMS
ανταλλακτήρια συναλλάγματος
የዉጭ ገንዘብ ምንዛሪ ቢሮ
βαλίτσα
ልብስ መያዣ
ሻንጣ
αυτοκίνητο
መኪና

γλώσσα

ቋንቋ

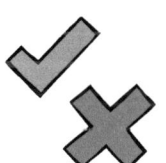

ναι / όχι

አዎ/ አይደለም

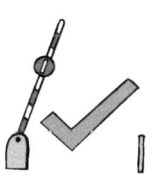

εντάξει

እሺ

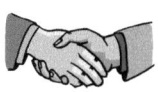

γεια σου

ሰላም

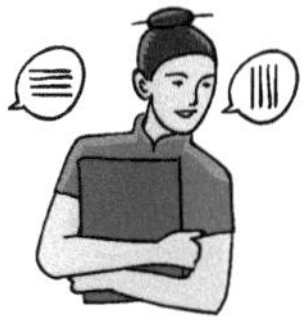

μεταφραστής

አስተርጓሚ

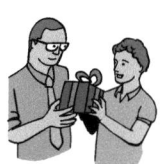

Ευχαριστώ

አመሰግናለሁ

πόσο κάνει ;

ስንት ነው.......?

Δε καταλαβαίνω

አላገባኝም

πρόβλημα

እክል

Καλησπέρα!

እንደምን አመሹ!

Καλημέρα!

እንደምን አደሩ!

Καληνύχτα!

መልካም ምሽት!

Αντίο

ደህና ይሰንብቱ

κατεύθυνση

አቅጣጫ

αποσκευές

ሻንጣ

τσάντα

ቦርሳ

σακίδιο πλάτης

የጀርባ ቦርሳ

καλεσμένος

እንግዳ

δωμάτιο

ክፍል

υπνόσακος

የመተኛ ቦርሳ

σκηνή

ድንኳን

τουριστικές πληροφορίες

የጉብኚዎች መረጃ

παραλία

የባህር ዳርቻ

πιστωτική κάρτα

ክሬዲት ካርድ

πρωινό

ቁርስ

μεσημεριανό

ምሳ

δείπνο

እራት

εισιτήριο

ቲኬት

ανελκυστήρας

አሳንስር

γραμματόσημο

ማህተም

σύνορα

ድንበር

τελωνείο

ባህሎች

πρεσβεία

ኤምባሲ

βίζα

ቪዛ/የይለፍ ወረቀት

διαβατήριο

ፓስፖርት

μεταφορά
መጓጓዣ

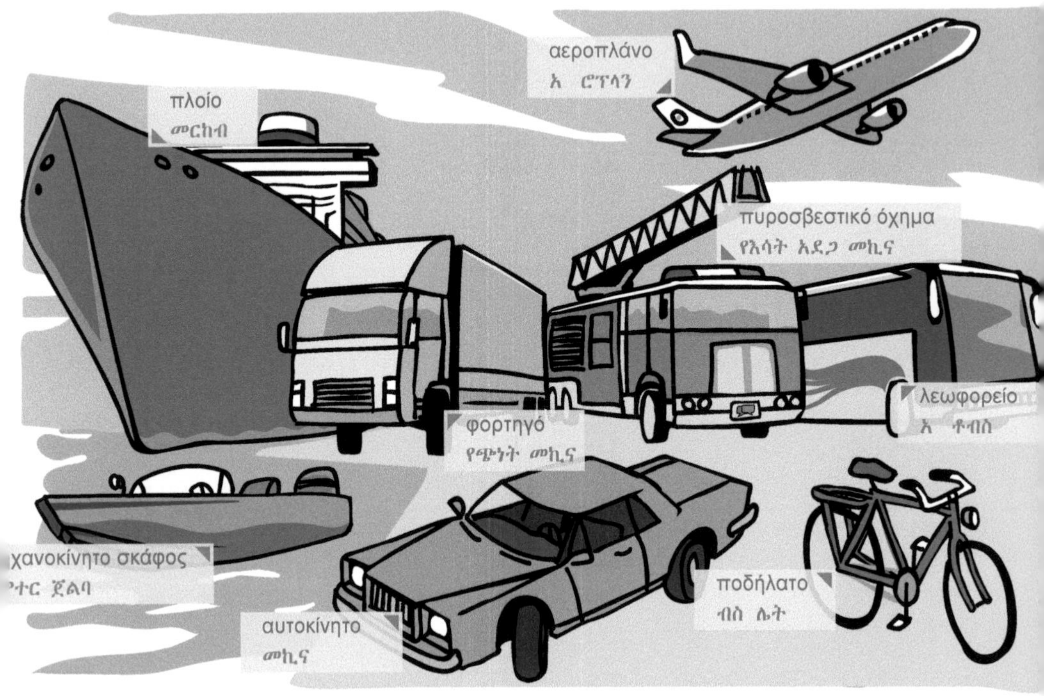
αεροπλάνο
አ ሮፕላን
πλοίο
መርከብ
πυροσβεστικό όχημα
የእሳት አደጋ መኪና
λεωφορείο
አ ቶብስ
φορτηγό
የጭነት መኪና
χανοκίνητο σκάφος
ተር ጀልባ
αυτοκίνητο
መኪና
ποδήλατο
ብስ ሌት

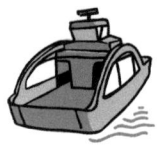

φεριμπότ

የማመላለሻ ጀልባ

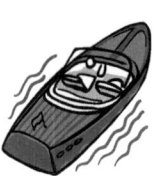

βάρκα

ጀልባ

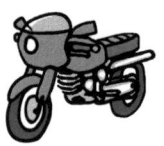

μοτοσικλέτα

የሞተር ብስ ሌት

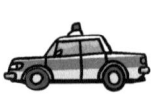

περιπολικό

የ ሊስ መኪና

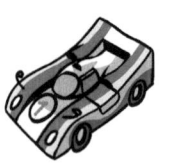

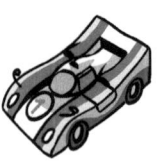

αγωνιστικό αυτοκίνητο

የ ድድር መኪና

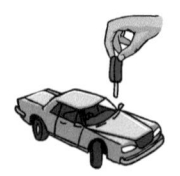

ενοικιαζόμενο αυτοκίνητο

የኪራይ መኪና

διαμοιρασμός αυτοκινήτων

የመኪና መጋራት

γερανός

ጎታች መኪና

απορριμματοφόρο

የቆሻሻ ጭነት መኪና

κινητήρας

ሞተር

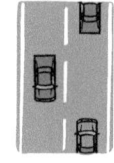

καύσιμο

ነዳጅ

βενζινάδικο

የቤንዚን ማደያ

πινακίδα σήμανσης

የመንገድ ምልክት

κυκλοφορία

የመኪዎች እንቅስቃሴ

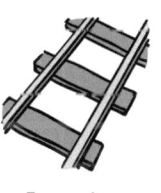

κυκλοφοριακή συμφόρηση

የመኪና መጨናነቅ

χώρος στάθμευσης

የመኪና ማቆሚያ

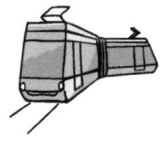

σιδηροδρομικός σταθμός

የባቡር ጣቢያ

σιδηροδρομικές γραμμές

የባቡር ሀዲዶች

τρένο

ባቡር

τραμ

የኤሌክትሪክ ባቡር

βαγόνι

ሰረገላ

ελικόπτερο

ሄሊኮፕተር

αεροδρόμιο

አየር ማረፊያ

πύργος

ግንብ

επιβάτης

መንገደኛ

εμπορευματοκιβώτιο

ማስቀመጫ፤ ማጠራቀሚያ

χαρτοκιβώτιο

ካርቶን እቃ ማሸጊያ

καρότσι

ሪ፤ ተሳቢ

καλάθι

ቅርጫት

απογειώνομαι /
προσγειόνομαι

መነሳት/ ማረፍ

πόλη

ከተማ

χωριό

መንደር

κέντρο της πόλης

የከተማ ማዕከል

σπίτι

ቤት

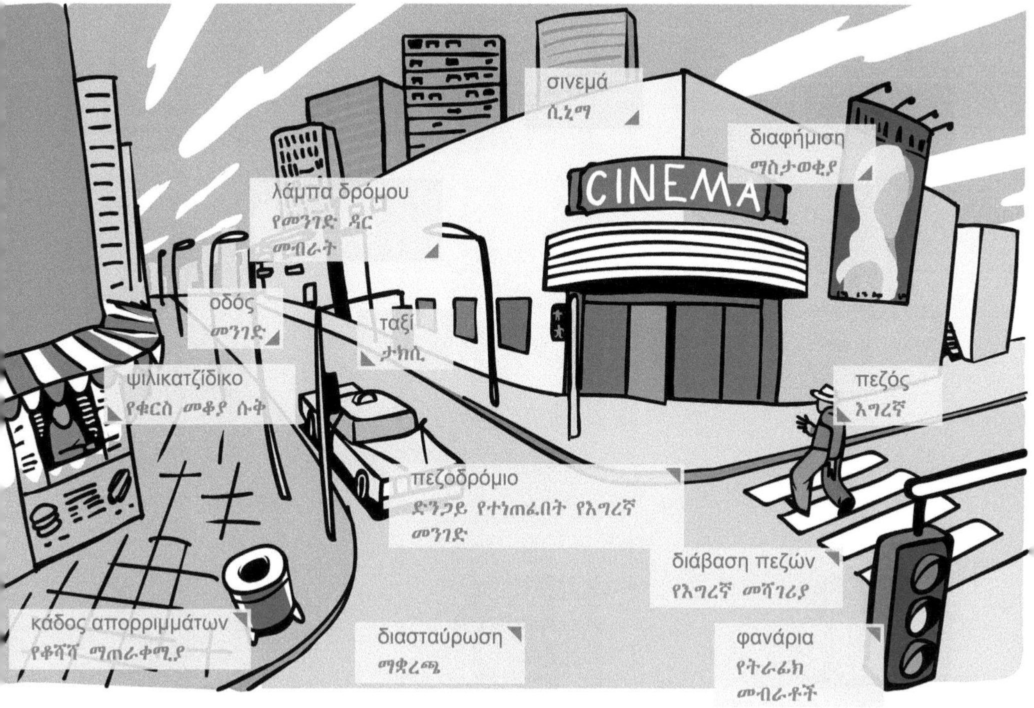

σινεμά
ሲኒማ

διαφήμιση
ማስታወቂያ

λάμπα δρόμου
የመንገድ ጎር
መብራት

CINEMA

οδός
መንገድ

ταξί
ታክሲ

ψιλικατζίδικο
የቁርስ መቆያ ሱቅ

πεζός
እግረኛ

πεζοδρόμιο
ድንጋይ የተነጠፈበት የእግረኛ
መንገድ

διάβαση πεζών
የእግረኛ መሻገሪያ

κάδος απορριμμάτων
የቆሻሻ ማጠራቀሚያ

διασταύρωση
ማቋረጫ

φανάρια
የትራፊክ
መብራቶች

καλύβα

ጎጆ

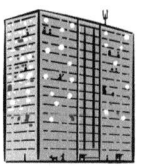

διαμέρισμα

አፓርታማ

σιδηροδρομικός σταθμός

የባቡር ጣቢያ

δημαρχείο

የከተማ አዳራሽ

μουσείο

ቤተ መዘክር

σχολείο

ትምህርት ቤት

πανεπιστήμιο

ዩኒቨርስቲ

τράπεζα

ባንክ

νοσοκομείο

ሆስፒታል

ξενοδοχείο

ሆቴል

φαρμακείο

መድሐኒት ቤት

γραφείο

ቢሮ

βιβλιοπωλείο

መፅሐፍ መሸጫ

κατάστημα

ሱቅ

ανθοπωλείο

የአበባ መሸጫ

σούπερ μάρκετ

የሸቀጣ ሸቀጥ መደብር

αγορά

ገበያ ስፍራ

πολυκατάστημα

መደብር

ιχθυοπωλείο

የዓሳ ነጋዴ

εμπορικό κέντρο

የገበያ ማዕከል

λιμάνι

ወደብ

x

πάρκο

መናፈሻ ቦታ

παγκάκι

አግዳሚ ወንበር

γέφυρα

ድልድይ

σκάλες

ደረጃዎች

μετρό

ዉስጥ ለዉስጥ

τούνελ

ዋሻ

στάση λεωφορείου

የአዉቶቡስ ፌርማታ

μπαρ

ባር

εστιατόριο

ምግብ ቤት

γραμματοκιβώτιο

የፖስታ ሳጥን

πινακίδα δρόμου

የመንገድ ምልክት

παρκόμετρο

የመኪና ማቆሚያ ሒሳብ የሚያሰላ ማሽን

ζωολογικός κήπος

የደር እንስሳት ማቆያ

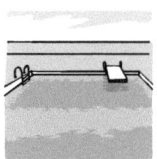

πισίνα

የመዋኛ ገንዳ

τζαμί

መስጊድ

αγρόκτημα

እርሻ

ρύπανση

የሚበክል ነገር

νεκροταφείο

መቃብር ስፍራ

εκκλησία

ቤተ ክርስቲያን

παιδική χαρά

መጫወቻ ሜዳ

ναός

ቤተ መቅደስ

τοπίο

ልከዓምድር

φύλλο
ቅጠል

πινακίδα κατεύθυνσης
የመንገድ ይ ምልክት

δρόμος
መንገድ

λιβάδι
አረንጓዴ መስክ

πέτρα
ድንጋይ

δέντρο
ዛፍ

πεζοπόρος
በእ ፉ የሚጓዝ

ποτάμι
ወንዝ

χορτάρι
ሣር

λουλούδι
አበባ

κοιλάδα

ሸለቆ

λόφος

ኮረብታ

λίμνη

ሀይቅ

δάσος

ጫካ

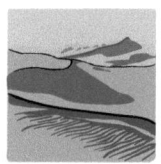

έρημος

በረሃ

ηφαίστειο

እሳተ ገሞራ

κάστρο

ግምብ

ουράνιο τόξο

ቀስተ ዳመና

μανιτάρι

እንጉዳይ

φοίνικας

የቴምር ዛፍ/ ዘንባባ

κουνούπι

ቢንቢ/ የወባ ትንኝ

μύγα

በራሪ

μυρμήγκι

ጉንዳን

μέλισσα

ንብ

αράχνη

ሸረሪት

σκαθάρι

ጢንዚዛ

βάτραχος

እንቁራሪት

σκίουρος

ሽኮኮ

σκαντζόχοιρος

ጃርት

λαγός

ጥንቸል

κουκουβάγια

ጉጉት ወፍ

πουλί

ወፍ

κύκνος

የውሃ ዶሮዮ

αγριογούρουνο

ክርክሮ

ελάφι

አጋዘን

άλκη

አጋዘን

φράγμα

ግድብ

ανεμογεννήτρια

በነፋስ የሚሽከረከር

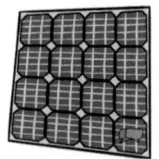

ηλιακός συλλέκτης

የፀሀይ ፓኔሎ

κλίμα

አየር ንብረት

εστιατόριο

ምግብ ቤት

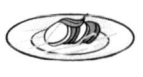

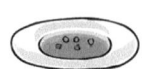

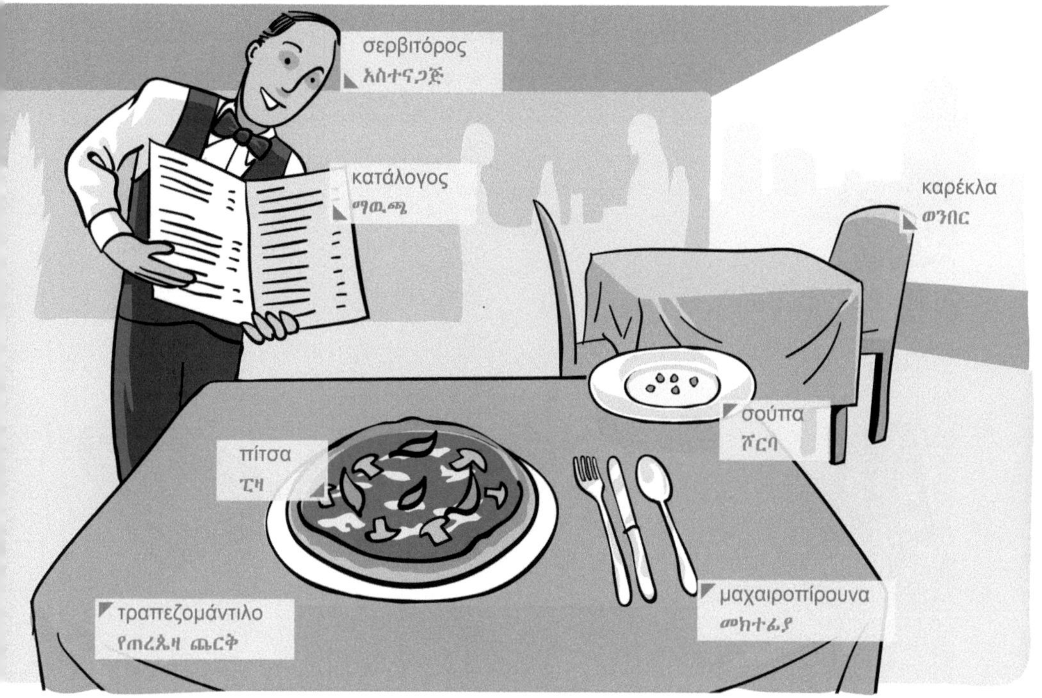
σερβιτόρος
አስተናጋጅ
κατάλογος
ማዉጫ
καρέκλα
ወንበር
σούπα
ሾርባ
πίτσα
ፒዛ
τραπεζομάντιλο
የጠረጴዛ ጨርቅ
μαχαιροπίρουνα
መክተፊያ

ορεκτικό

የምግብ ፍላጎትን የሚከፍት ምግብ

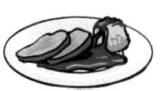

κύριο πιάτο

ዋና ምግብ

επιδόρπιο

ማጣጣሚያ ተከታይ ምግብ

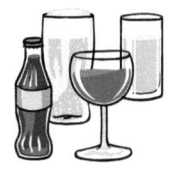

ποτά

መጠጦች

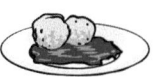

φαγητό

ምግብ

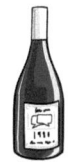

μπουκάλι

ጠርሙስ

φαστ φουντ

ፈጣን ምግብ

φαγητό στ' όρθιο

የመንገድ ምግብ

τσαγιέρα

የሻይ ማንቆርቆሪያ

δοχείο ζάχαρης

የስኳር እቃ

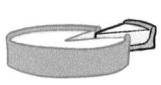

μερίδα

ድርሻ

μηχανή εσπρέσο

የቡና ማፊያ ማሽን

ψηλή καρέκλα

ባለ፪ ወንበር

λογαριασμός

የክፍያ ደረሰኝ

δίσκος

ትሪ

μαχαίρι

ቢላዋ

πιρούνι

ሹካ

κουτάλι

ማንኪያ

κουταλάκι του τσαγιού

የሻይ ማንኪያ

πετσέτα φαγητού

ልብስ ምግብ እንዳይነካ የሚረዳ
ጨርቅ

ποτήρι

ብርጭቆ

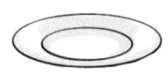

πιάτο

ዝርግ ሰህን

πιάτο σούπας

የሾርባ ጎድጓዳ ሰህን

πιατάκι φλιτζανιού

የስኒ ማስቀመጫ

σάλτσα

ማጣፈጫ ስጎ

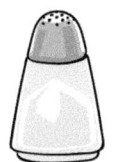

αλατιέρα

የጨዉ እቃ

μύλος για πιπέρι

የተፈጨ ቃሪያ

ξύδι

ኮምጣጤ

λάδι

የምግብ ዘይት

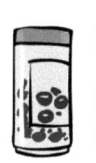

μπαχαρικά

ቀመማ ቅመሞች

κέτσαπ

የቲማቲም ድልህ

μουστάρδα

ሰናፍጭ

μαγιονέζα

ማዮኔዝ

σούπερ μάρκετ

የሸቀጣ ሸቀጥ መደብር

προσφορά
ልዩ አቅራቦት
FOR
πελάτης
ደምበኛ
γαλακτοκομικά προϊόντα
የወተት ተዋፅዖ
φρούτα
ፍራፍሬ
καρότσι για ψώνια
ባለ ጎማ የእጅ ጋሪ

BUTCHERS

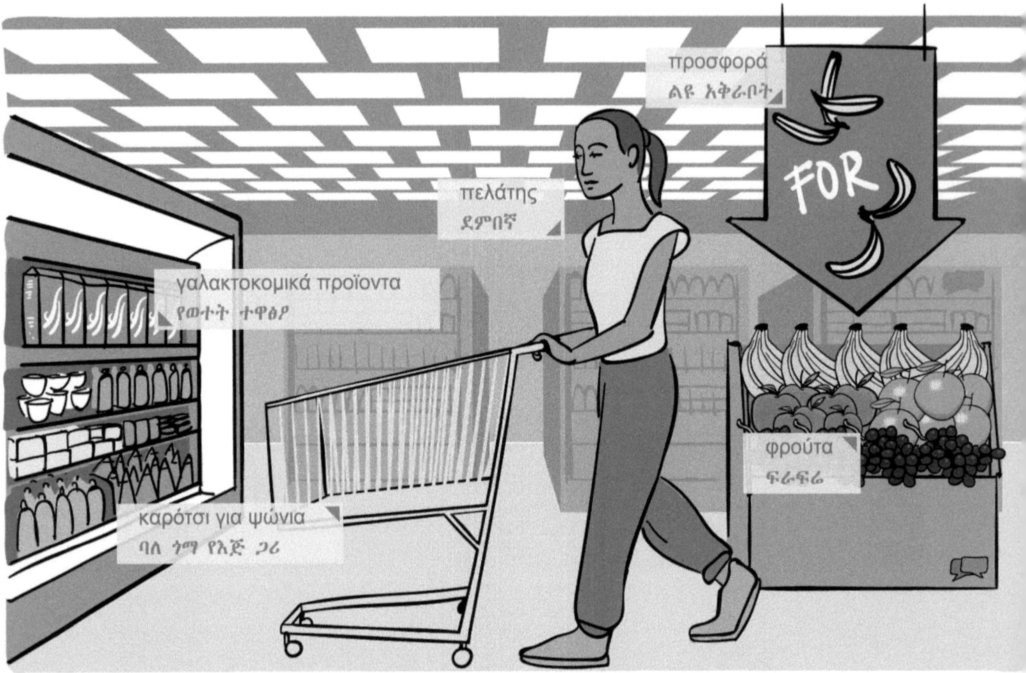

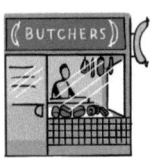

κρεοπωλείο

ሉካንዳ ነጋዴ

BAKERY

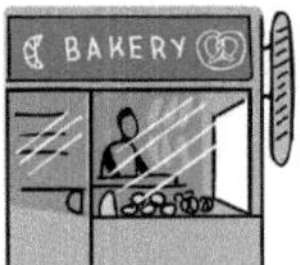

φούρνος

መጋገርያ

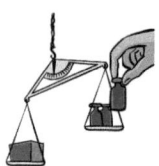

ζυγίζω

ክብደት መመዘን

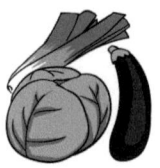

λαχανικά

ቅጠላ ቅጠል አትክልት

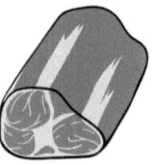

κρέας

ስጋ

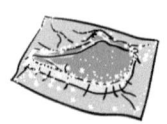

κατεψυγμένα τρόφιμα

የቀዘቀዘ/የረጋ ምግብ

αλλαντικά

ቀዝቃዛ ቁራጭ

κονσερβοποιημένη τροφή

የታሸገ ምግብ

απορρυπαντικό ρούχων

የማጠቢያ ዱቄት

γλυκά

ጣፋጮች

οικιακά είδη

የቤት ዕስጥ ዕቃቶች

καθαριστικά προϊόντα

የፅዳት ምርቶች

πωλήτρια

የሸያጭ ባለሙያ

ταμείο

የገንዘብ መመዝቢያ ማሽን

ταμίας

የሒሳብ ሰራተኛ

λίστα για ψώνια

የግዢ ዝርዝር

ωράριο λειτουργίας

ክፍት ሰዓታት

πορτοφόλι

የኪስ ቦርሳ

πιστωτική κάρτα

ክሬዲት ካርድ

τσάντα

ቦርሳ

πλαστική σακούλα

የፕላስቲክ ቦርሳ

νερό

ዉሃ

χυμός

ጭማቂ

γάλα

ወተት

κόκα κόλα

ኮካ-ኮላ

κρασί

ወይን

μπίρα

ቢራ

αλκοόλ

አልኮል

κακάο

ኮካ

τσάι

ሻይ

καφές

ቡና

εσπρέσο

የተፈላ ቡና

καπουτσίνο

ካፑቺኖ

μπανάνα

ሙዝ

μήλο

ፖም

πορτοκάλι

ብርቱካን

πεπόνι

ሀብሀብ

λεμόνι

ሎሚ

καρότο

ካሮት

σκόρδο

ነጭ ሽንኩርት

μπαμπού

ሽምበቆ

κρεμμύδι

ቀይ ሽንኩርት

μανιτάρι

እንጉዳይ

ξηροί καρποί

ለውዝ

νουντλς

የህፃናት ምግብ

μακαρόνια

ፓስታ

ρύζι

ሩዝ

σαλάτα

ሰላጣ

πατατάκια

የድንች ጥብስ

τηγανητές πατάτες

ድንች ጥብስ

πίτσα

ፒዛ

χάμπουργκερ

ዳቦ ዉስጥ በስሱ ተጠብሶ የገባ ሥጋ

σάντουιτς

ሳንድዊች

κοτολέτα

ጥሬ ሥጋ

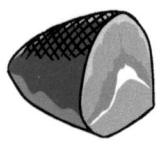

ζαμπόν

የአሳማ ሥጋ

σαλάμι

በቅመምና በጨዉ የታሸ ምግብ ቀዝቅዞ የሚበላ ሾርባ ምግብ

λουκάνικο

ቋሊማ

κοτόπουλο

ዶሮ

ψητό

ጥብስ

ψάρι

አሳ

χυλός βρώμης

የአጃ ገንፎ

μούσλι

ከወተት ጋር ተደባልቀዉ የሚበሉ ምግቦች

κορν φλέικς

የበቆሎ ቅርፊት

αλεύρι

ዱቄት

κρουασάν

ኩራሳ

ψωμάκι

ድብልብል ዳቦ

ψωμί

ዳቦ

τοστ

መጥበስ

μπισκότα

ብስኩት

βούτυρο

ቅቤ

τυρόπηγμα

እርጎ

κέικ

ኬክ

αυγό

እንቁላል

τηγανητό αυγό

እንቁላል ጥብስ

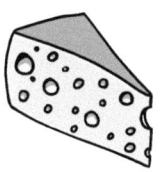

τυρί

አይብ

παγωτό

የበረዶ ክሬም

ζάχαρη

ስኳር

μέλι

ማር

μαρμελάδα

ማርማላት

άλλειμμα σοκολάτας

የተናጠ የወተት ክሬም

κάρυ

ማጣፈጫ

αγρόκτημα

እርሻ

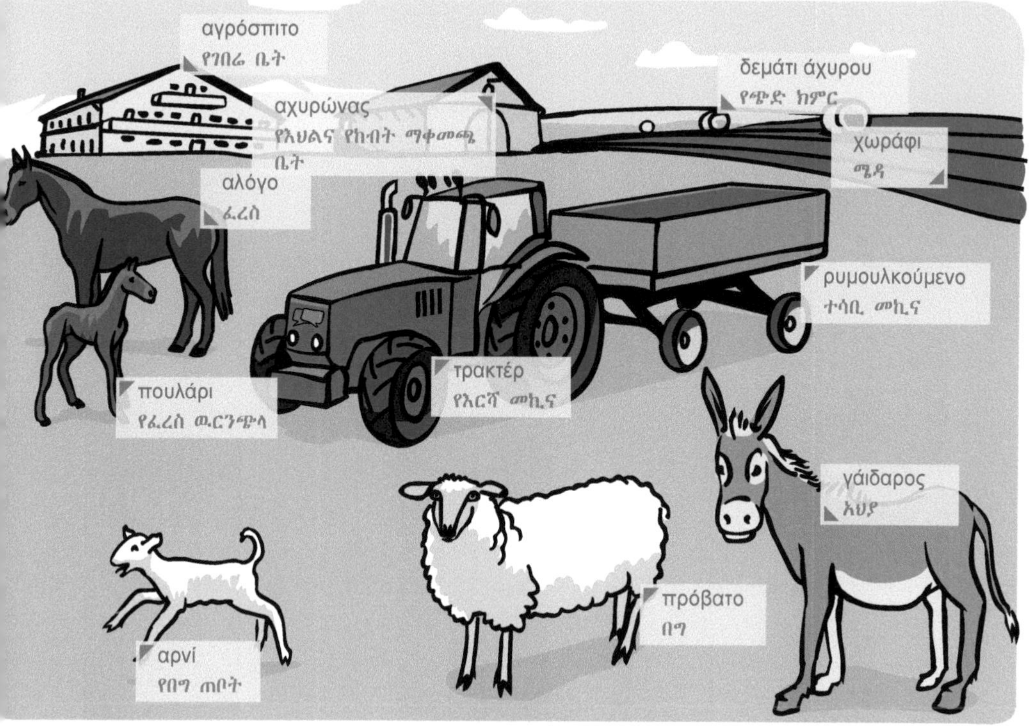
αγρόσπιτο
የገበሬ ቤት
αχυρώνας
የእህልና የከብት ማቀመጫ ቤት
δεμάτι άχυρου
የጭድ ክምር
χωράφι
ሜዳ
αλόγο
ፈረስ
ρυμουλκούμενο
ተሳቢ መኪና
τρακτέρ
የእርሻ መኪና
πουλάρι
የፈረስ ውርንጭላ
γάιδαρος
አህያ
πρόβατο
በግ
αρνί
የበግ ጠቦት

κατσίκα
ፍየል

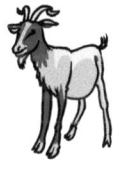

αγελάδα
ላም

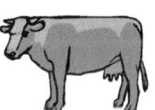

μοσχαράκι
ጥጃ

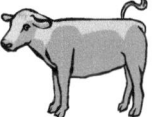

γουρούνι
አሳማ

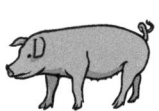

γουρουνάκι
ግልገል አሳማ

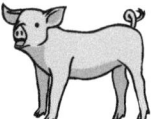

ταύρος
ኮርማ

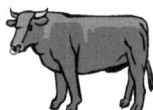

χήνα

ዝይ

πάπια

ዳክዬ

κοτοπουλάκι

የዶሮ ጫጩት

κότα

ዶር

κόκορας

አውራ ዶሮ

αρουραίος

አይጥ

γάτα

ደድመት

ποντίκι

አይጥ

βόδι

በሬ

σκύλος

ውሻ

σπιτάκι σκύλου

የውሻ ቤት

λάστιχο κήπου

የአትክልት ቦታ

ποτιστήρι

ውሃ ማጠጫ ባልዲ

θεριστήρι

ረጅም ማጭድ

αλέτρι

ማረሻ

δρεπάνι

ማጭድ

τσάπα

መኮትኮቻ

δίκρανο

የእህል መንሽ

τσεκούρι

መጥረቢያ

χειράμαξα

ኩርኩር/ የእጅ ጋሪ

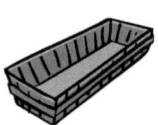

ταΐστρα

ገንዳ

δοχείο γάλακτος

የወተት ዕቃ

σάκος

ጆንያ ከረጢት

φράχτης

አጥር

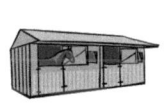

στάβλος

የፈረስ ጋጣ

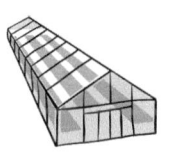

θερμοκήπιο

ዕፅዋት ማሳደጊያ የመስታዉት ቤት

έδαφος

አፈር

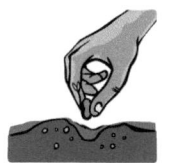

σπόρος

ዘር

λίπασμα

የመሬት ማዳበሪያ

θεριζοαλωνιστική μηχανή

ጥምር ማረሻ

θερίζω

አዝመራ መሰብሰብ

συγκομιδή

አዝመራ

γιαμς

ድንች

σιτάρι

ስንዴ

σόγια

ሶያ

πατάτα

ድንች

καλαμπόκι

በቆሎ

κράμβη

የከብት መኖ

οπωροφόρο δέντρο

የፍሬ ዛፍ

μανιόκα

የካሳቫ ዛፍ

δημητριακά

እህል

σπίτι

ቤት

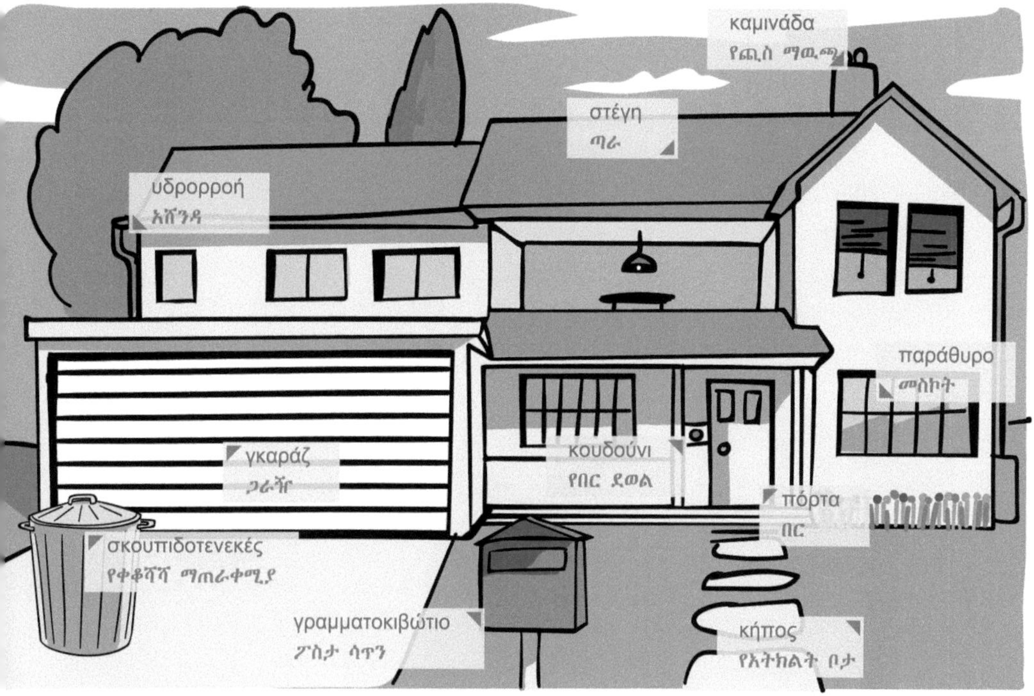
καμινάδα
የጪስ ማዉጫ
στέγη
ጣራ
υδρορροή
አሸንዳ
παράθυρο
መስኮት
γκαράζ
ጋራዥ
κουδούνι
የበር ደወል
πόρτα
በር
σκουπιδοτενεκές
የቆሻሻ ማጠራቀሚያ
γραμματοκιβώτιο
ፖስታ ሳጥን
κήπος
የአትክልት ቦታ

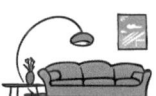

σαλόνι

ሳሎን

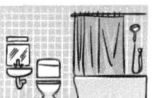

μπάνιο

መታጠቢያ ቤት

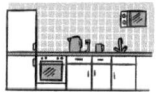

κουζίνα

ማድቤት

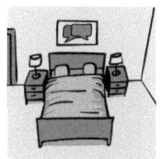

υπνοδωμάτιο

መኝታ ቤት

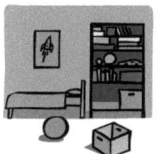

παιδικό δωμάτιο

የልጅ ክፍል

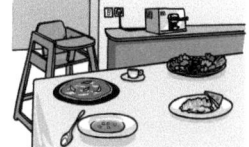

τραπεζαρία

መመገቢያ ክፍል

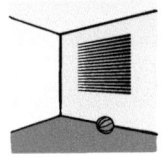

πάτωμα

ወለል

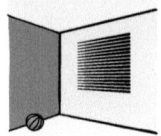

τοίχος

ግድግዳ

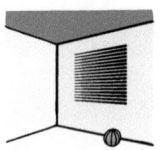

οροφή

ጣሪያ

κελάρι

ምድር ቤት

σάουνα

በእንፋሎት ሙቀት መታጠቢያ
ቤት

μπαλκόνι

ሰገነት

βεράντα

ከፍ ያለ መደብ

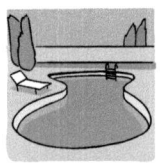

πισίνα

የመዋኛ ገንዳ

μηχανή του γκαζόν

የማጨጃ መኪና

σεντόνι

አንሶላ

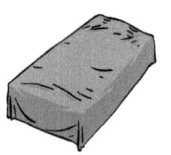

κάλυμμα κρεβατιού

የአልጋ ልብስ

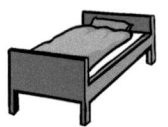

κρεβάτι

አልጋ

σκούπα

መጥረጊያ

κουβάς

ባልዲ

διακόπτης

ማብሪያና ማጥፊያ

σαλόνι

ሳሎን

ταπετσαρία
የግድግዳ ወረቀት
φωτογραφία
ፎቶ
λάμπα
መብራት
ράφι
መደርደሪያ
ντουλάπι
ቁም ሳጥን፤ ካቢኔ
τηλεόραση
ቴሌቭዥን
τζάκι
የእሳት መሞቂያ
λουλούδι
አበባ
μαξιλάρι
ትራስ
καναπές
ሶፋ
βάζο
የአበባ ማስቀመጫ
τηλεκοντρόλ
ሪሞት ኮንትሮል

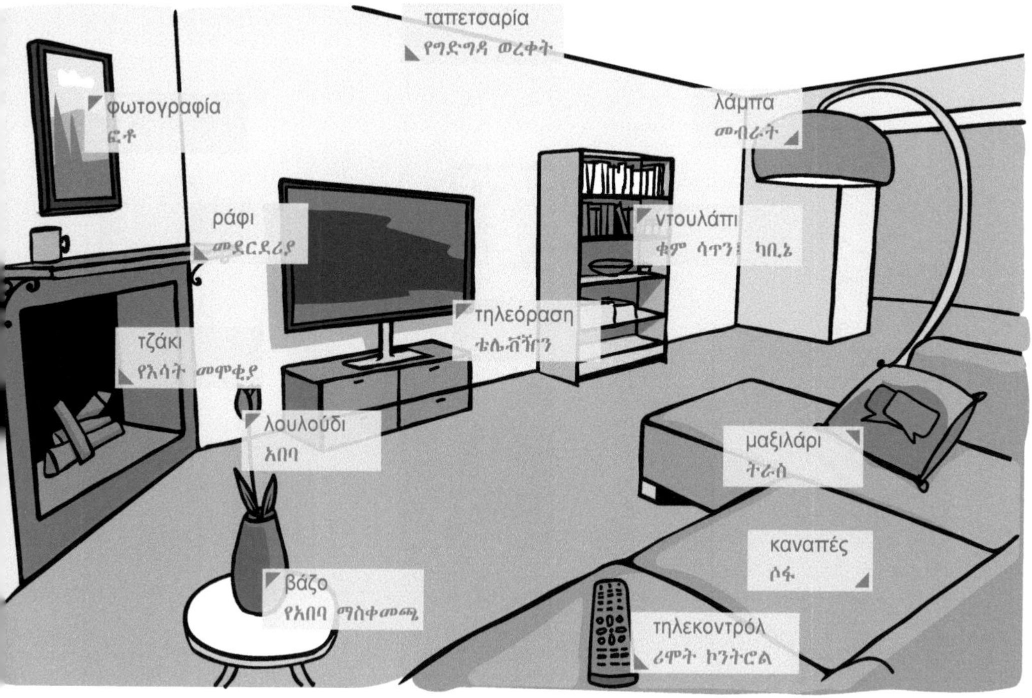

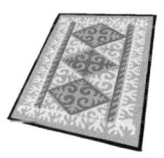

χαλί

ንጣፍ

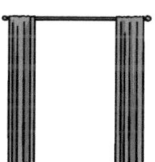

κουρτίνα

መጋረጃ

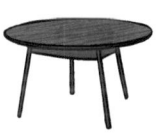

τραπέζι

ጠረጴዛ

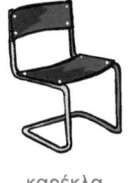

καρέκλα

ወንበር

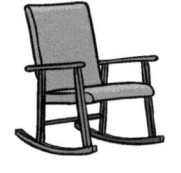

κουνιστή πολυθρόνα

ተወዛዋዥ ወንበር

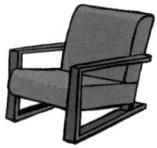

πολυθρόνα

ባለመደገፊያ ወንበር

βιβλίο

መጽሐፍ

κουβέρτα

ብርድ ልብስ

διακόσμηση

ጌጥ

καυσόξυλα

ማገዶ

ταινία

ፊልም

στερεοφωνικό σύστημα

የሙዚቃ መማዣዎቻ

κλειδί

ቁልፍ

εφημερίδα

ጋዜጣ

πίνακας ζωγραφικής

ስዕል

αφίσα

የተለጠፈ ማስታወቂያ እንደ ስዕል

ραδιόφωνο

ራዲዮ

σημειωματάριο

ማስታወሻ ደብተር

ηλεκτρική σκούπα

የአየር ማፅጃ ለምንጣፍ

κάκτος

ቁልቁል

κερί

ሻማ

κουζίνα
ማድቤት

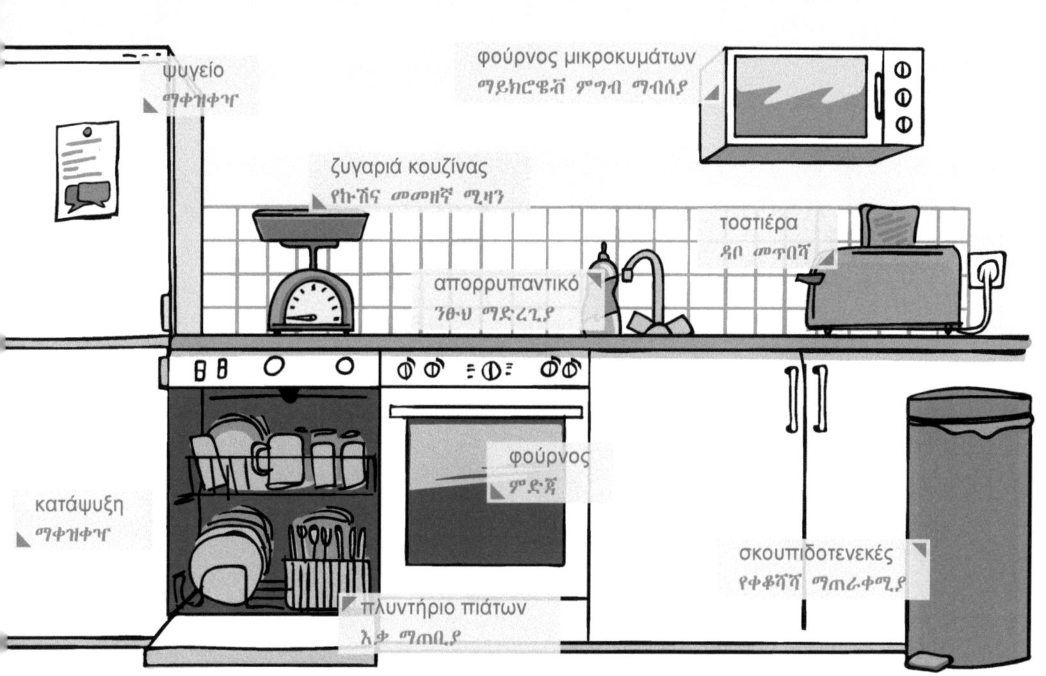

ψυγείο
ማቀዝቀዣ
φούρνος μικροκυμάτων
ማይክሮዌቭ ምግብ ማብሰያ
ζυγαριά κουζίνας
የኩሽና መመዘኛ ሚዛን
τοστιέρα
ዳቦ መጥበሻ
απορρυπαντικό
ንፁህ ማድረጊያ
φούρνος
ምድጃ
κατάψυξη
ማቀዝቀዣ
σκουπιδοτενεκές
የቆሻሻ ማጠራቀሚያ
πλυντήριο πιάτων
እቃ ማጠቢያ

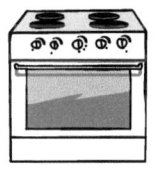

κουζίνα

ምግብ አብሳይ

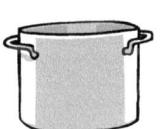

κατσαρόλα

ማሰሮ

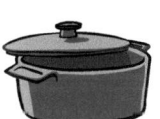

μαντεμένια κατσαρόλα

የብረት ማሰሮ

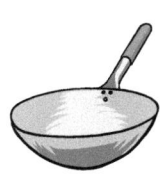

γουόκ/καντάι

ምግብ ማብሰያ ዝርግ ድስት

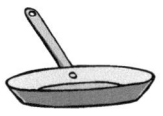

τηγάνι

የምግብ መጥበሻ

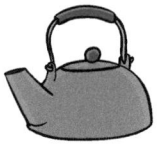

βραστήρας

ማንቆርቆሪያ

ατμομάγειρας

የእንፉሎት ማብሰያ

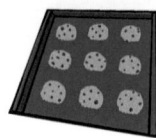

ταψί

የመጋገሪያ ትሪ

πιατικά

ሰብስቦች

κούπα

ትልቅ ኩባያ

μπολ

ጎድንዳ ሳህን

ξυλάκια

ቾፕስቲክስ

κουτάλα

ጭልፋ

σπάτουλα

መሰቅሰቂያ ዝርግ ማንኪያ

ανακατεύω

ማደባለቂያ

σουρωτήρι

መወጠሪያ

σουρωτηράκι

ወንፊት

τρίφτης

መፈርፈሪያ መሳሪያ

γουδί

ሲሚንቶ

ψησταριά

የፍም ጥብስ

ανοιχτή φωτιά

የተለቀቀ እሳት

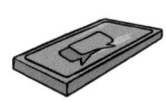

σανίδα κοπής

መክተፊያ

πλάστης

ተንሻራታች መርፌ

ανοιχτήρι φελλών

የጠርሙስ መክፈቻ

κονσέρβα

ጣሳ

ανοιχτήρι κονσέρβας

የጣሳ መክፈቻ

γάντι φούρνου

የማሰሮ መሸፈኛ

νεροχύτης

ሳህን ማጠቢያ

βούρτσα

ብሩሽ

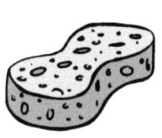

σφουγγάρι

ስፖንጅ

μπλέντερ

መደባለቂያ መሳሪያ

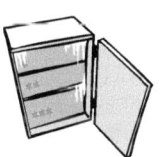

καταψύκτης

በጣም ማቀዝቀዣ

μπιμπερό

ጡጦ

βρύση

ቧንቧ

μπάνιο
መታጠቢያ ቤት

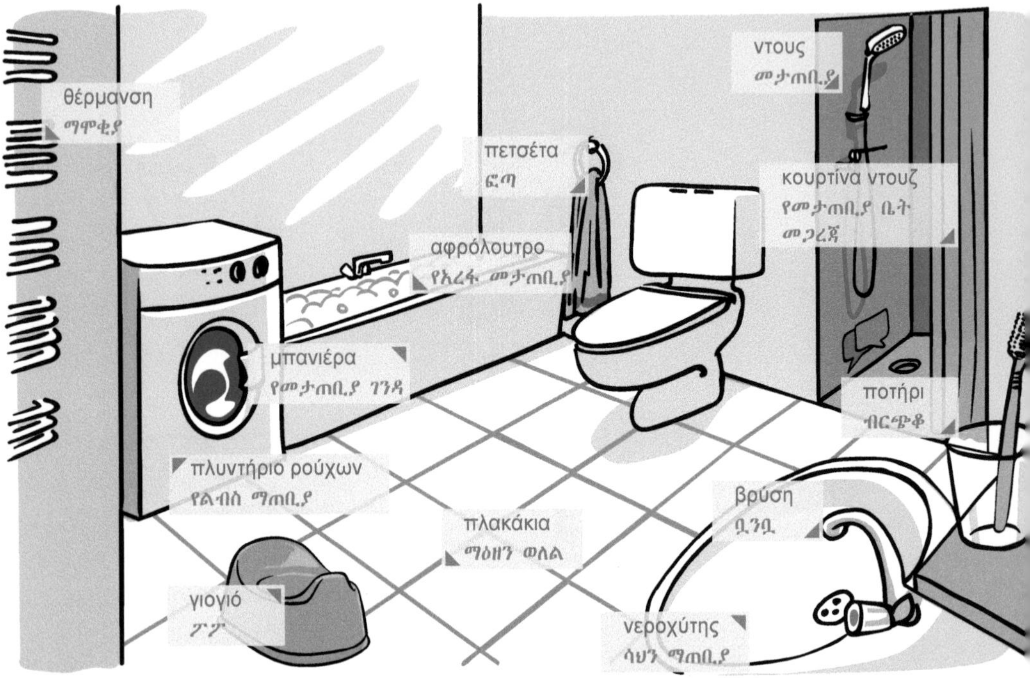

θέρμανση
ማሞቂያ
πετσέτα
ፎጣ
ντους
መታጠቢያ
κουρτίνα ντουζ
የመታጠቢያ ቤት መጋረጃ
αφρόλουτρο
የአረፋ መታጠቢያ
μπανιέρα
የመታጠቢያ ገንዳ
ποτήρι
ብርጭቆ
πλυντήριο ρούχων
የልብስ ማጠቢያ
βρύση
ቢንቢ
πλακάκια
ማዕዘን ወለል
γιογιό
ፖፖ
νεροχύτης
ሳህን ማጠቢያ

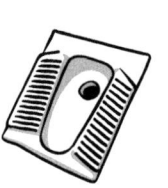

τουαλέτα
ሽንት ቤት

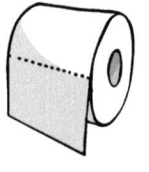

τούρκικη τουαλέτα
የሽንት ቤት መቀመጫ

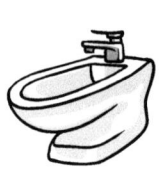

μπιντές
ሳፋ

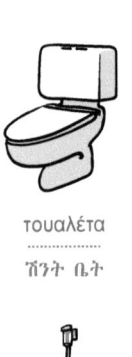

ουρητήριο
የመንገድ ዳር መሽኛ

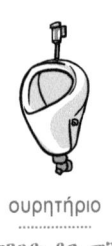

χαρτί υγείας
የሽንት ቤት ወረቀት

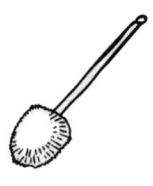

πιγκάλ
የሽንት ቤት ማፅጃ ብሩሽ

οδοντόβουρτσα

የጥርስ ብሩሽ

οδοντόκρεμα

የጥርስ ሳሙና

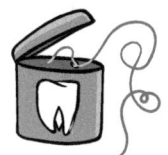

οδοντικό νήμα

የጥርስ ማፅጃ ክር

πλένω

መታጠብ

τηλέφωνο ντους

የእጅ መታጠቢያ

ντουσιέρα

መታጠቢያ

λεκάνη

ጎድጓዳ ሳህን

βούρτσα πλάτης

የጀርባ ብሩሽ

σαπούνι

ሳሙና

αφρόλουτρο

መታጠቢያ የሚዘለዘለግ ሳሙና

σαμπουάν

የፀጉር መታጠቢያ ሳሙና

φανέλα

ለስላሳ ጨርቅ

σιφόνι

ፍሳሽ

κρέμα

ክሬም

αποσμητικό

ጠረን መቆየሪያ ንጥረ ነገር

καθρέφτης

መስታወት

καθρέφτης χειρός

የእጅ መስታወት

ξυραφάκι

ምላጭ

αφρός ξυρίσματος

የመላጨ አረፋ

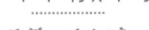
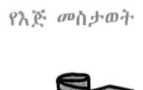

αφτερσέιβ

ከመላጨት በኋላ የሚቀባ ሽቱ

χτένα

ማበጠሪያ

βούρτσα

ብሩሽ

σεσουάρ

የፀጉር ማድረቂያ

λακ

በፀጉር ላይ የሚነፋ

μακιγιάζ

የፊት መቀባቢያ

κραγιόν

የከንፈር ቀለም

βερνίκι νυχιών

የጥፍር ቀለም

βαμβάκι

የጥጥ ሱፍ

ψαλίδι νυχιών

ጥፍር መቁረጫ

άρωμα

ሽቱ

νεσεσέρ

ማጠቢያ ባልዲ

σκαμπό

መቀመጫ

ζυγαριά

ሚዛን

μπουρνούζι

የመታጠቢያ ልብስ

ελαστικά γάντια

የላስቲክ ጓንት

ταμπόν

ምዶስ

πετσέτα υγιεινής

የዕዳት ፎጣ

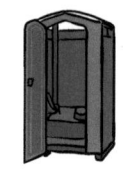

χημική τουαλέτα

የሽንት ቤት ኬሚካል

παιδικό δωμάτιο

ልጅ ክፍል

ξυπνητήρι
የማንቂያ ደዉል ሰዐት
λούτρινο ζωάκι
የህፃን አሻንጉሊት
αυτοκινητάκι
የመጫወቻ መኪና
κουδουνίστρα
ማንገጫገጫ
መጫወቻ
κουκλόσπιτο
የአሻንጉሊት ቤት
δώρο
ስጦታ

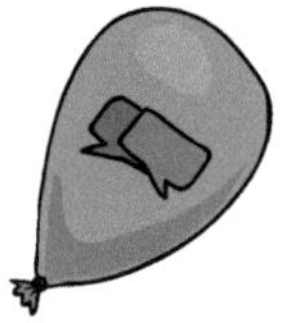

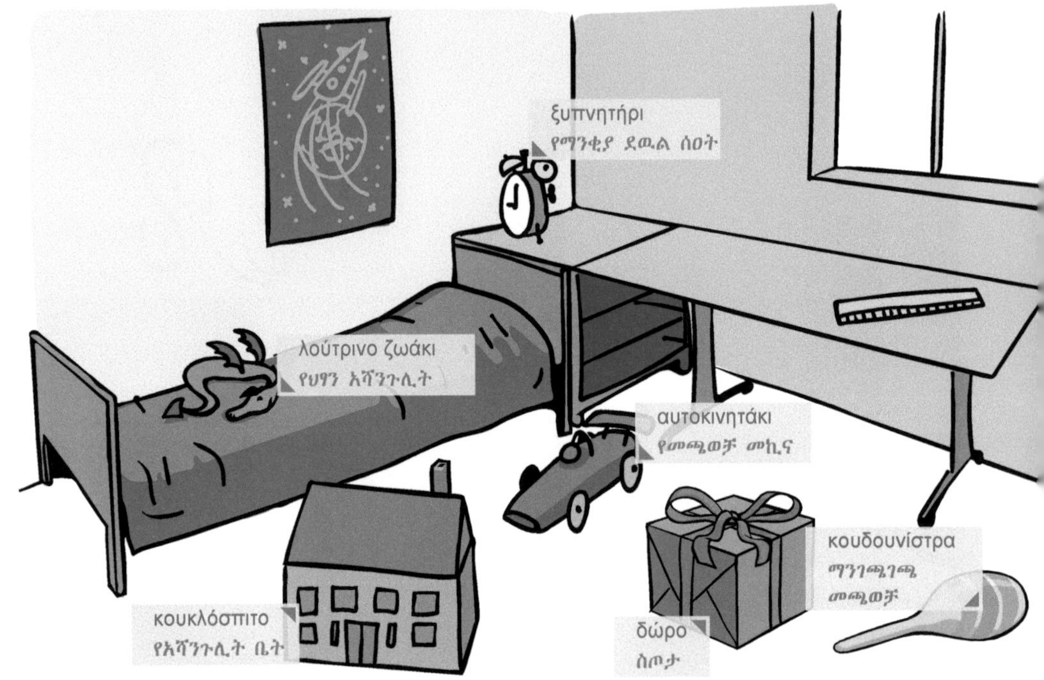

μπαλόνι

ፊኛ

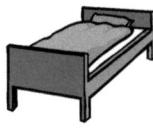

κρεβάτι

አልጋ

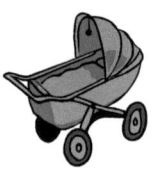

καροτσάκι

የህፃን ማንሸራሸሪያ ጋሪ

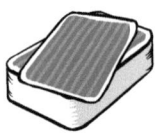

τράπουλα

የካርታ መጫወቻ

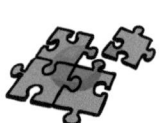

παζλ

ቁርጥራጭ ምስሎችን የማገጣጠም
እና ምስል የማግኘት ጨዋታ

SUPER
MEGA

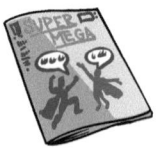

κόμικς

አዝናኝ

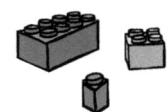

τουβλάκια lego

ተገጣጣሚ መጫወቻ

τουβλάκια κατασκευών

የመጫወቻ መገጣጠሚያዎች

φιγούρα δράσης

የድርጊት ምስል

βρεφικό φορμάκι

የህፃን እድገት

φρίσμπι

የፕላስቲክ መጫወቻ ዝርግ ሰህን

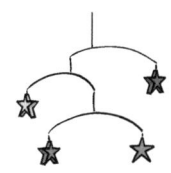

μόμπιλο

ተወዛዋዥ የህፃን ማጫወቻ

επιτραπέζιο παιχνίδι

የሰሌዳ ጨዋታ

ζάρια

የመጫወቻ ጠጠር

σετ τρενάκι

የመጫወቻ ባቡር

πιπίλα

የእንጀራ እናት ጡጦ

πάρτι

ድግስ

εικονογραφημένο βιβλίο

የስዕል መፅሀፍ

μπάλα

ኳስ

κούκλα

አሻንጉሊት

παίζω

መጫወት

σκάμμα με άμμο

የአሸዋ *መጫወቻ*

κούνια

ጀዋጀዌ

παιχνίδια

መጫወቻዎች

κονσόλα βιντεοπαιχνιδιών

የቪዲዮ *መጫወቻ*

τρίκυκλο

ባለ ሶስት ጎማ ብስክሌት

αρκουδάκι

የአሻንጉሊት ድብ

ντουλάπα

ቁምሳጥን

ρούχα
አልባሳት

κάλτσες

ካልሲዎች

καλτσοδέτες

ስቶኪንጎች

καλσόν

ታይት

κασκόλ
የአንገት ልብስ

ομπρέλα
ጃንጥላ

μπλουζάκι
ከናቴራ

ζώνη
ቀበቶ

μπότες
ቦቲ

παντόφλες
የቤት ዉስጥ ነጠላ ጫማ

αθλητικά παπούτσια
ስኒከርች

σανδάλια
ነጠላ ጫማዎች

παπούτσια
ጫማዎች

γαλότσες
የዝናብ ቡትስ

εσώρουχο
ሙታንታ

σουτιέν
ጡት መያዣ

φανέλα
ሰደርያ

ρούχα - አልባሳት   45

σώμα

ሰዉነት

παντελόνι

ሱሪዎች

τζιν παντελόνι

ጅንስ

φούστα

ጉርድ ቀሚስ

μπλούζα

ሽሚዝ

πουκάμισο

ሽሚዝ

πουλόβερ

የሚጠለቅ ሹራብ

πουλόβερ

ሹራብ

σακάκι

ዩኒፎርም ጃኬት

μπουφάν

ጃኬት

παλτό

ኮት

αδιάβροχο πανωφόρι

የዝናብ ኮት

κοστούμι

ልብስ

φόρεμα

ቀሚስ

νυφικό

የሙሽራ ቀሚስ

κοστούμι

ሱፍ

νυχτικό

የለሊት ልብስ

πιτζάμες

የለሊት ልብስ

σάρι

ረጅም ቀሚስ

μαντήλι

ሂጃብ

τουρμπάνι

ጥምጣም

μπούρκα

ቡርቃ

καφτάνι

ሸርጥ

μουσουλμανικό ένδυμα

አባያ

ολόσωμο μαγιό

የዋና ልብስ

ανδρικό μαγιό

አጭር ቁምጣ

σορτς

ቁምጣዎች

αθλητική φόρμα

የስራ ቱታ

ποδιά

ሸርጥ

γάντια

ጓንት

κουμπί

ቁልፍ

γυαλιά

መነፅር

βραχιόλι

አምባር

περιδέραιο

የአንገት ሀብል

δαχτυλίδι

ቀለበት

σκουλαρίκι

የጆሮ ጌጥ

καπέλο

ኮፍያ

κρεμάστρα

የኮት መስቀያ

καπέλο

ኮፍያ

γραβάτα

ከረባት

φερμουάρ

ዚፕ

κράνος

የብረት ቆብ

τιράντες

መደገፊያ

μαθητική στολή

የትምህርት ቤት የደንብ ልብስ

στολή

የደንብ ልብስ

ρούχα - አልባሳት

σαλιάρα

መጏረብ

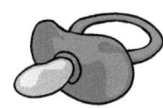

πιπίλα

የእንጀራ እናት ጡጦ

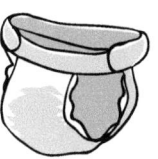

πάνα

ሽንት ጨርቅ

γραφείο

ቢሮ

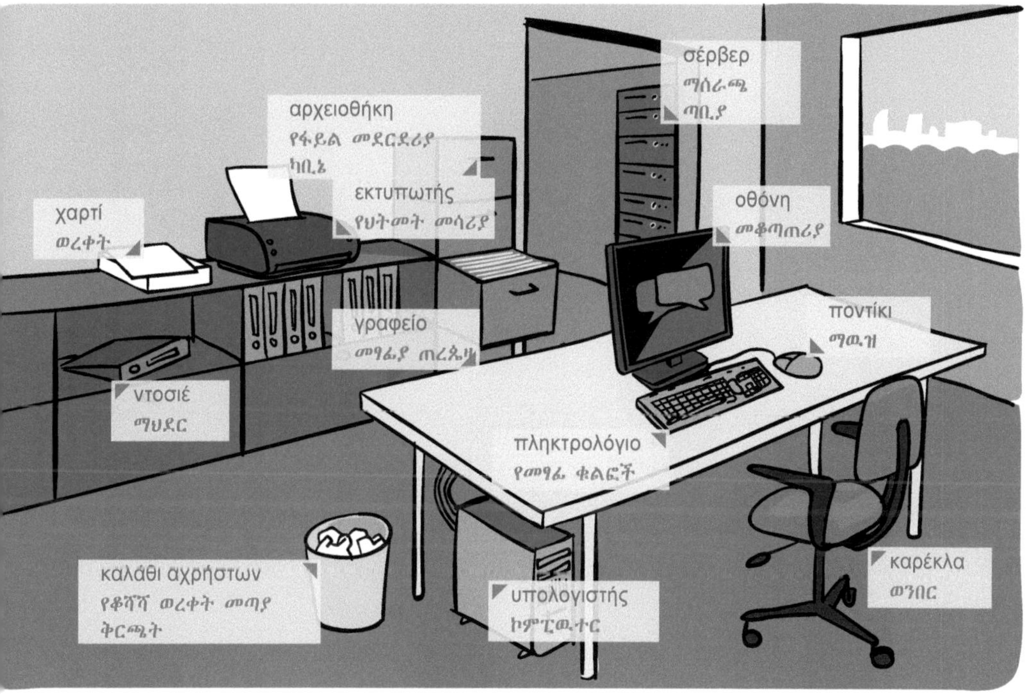

κούπα του καφέ

የቡና መጠጫ ትልቅ ኩባያ

κομπιουτεράκι

ማስሊያ ማሽን

ίντερνετ

ኢንተርኔት

λάπτοπ

ላፕቶፕ

γράμμα

ደብዳቤ

μήνυμα

መልዕክት

κινητό

ተንቀሳቃሽ ስልክ

δίκτυο

የግንኙነት አዉታር

φωτοτυπικό μηχάνημα

ማባዣ ማሽን

λογισμικό

ሶፍትዌር

τηλέφωνο

ስልክ

πρίζα

የግድግዳ ሶኬት

συσκευή φαξ

የፋክስ ማሽን

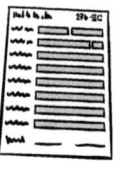

έντυπο

ቅፅ

έγγραφο

ሰነድ

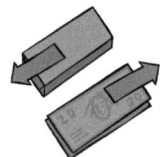

αγοράζω

መግዛት

πληρώνω

መክፈል

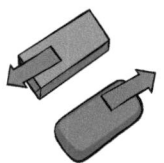

συναλλάσσομαι

መነገድ

χρήματα

ገንዘብ

δολάριο

ዶላር

ευρώ

ዩሮ

γιεν

የን

ρούβλι

ሩብል

ελβετικό φράγκο

የስዊዝ ፍራንክ

ρενμίνμπι γιουάν

ሬንሚንቢ ዩዋን

ρουπία

ሩጲ

ATM (αυτόματη ταμειακή μηχανή)

የገንዘብ ነጥብ

ανταλλακτήρια
συναλλάγματος

የውጭ ገንዘብ ምንዛሪ ቢሮ

χρυσός

ወርቅ

ασήμι

ብር

πετρέλαιο

ዘይት

ενέργεια

ሀይል፤ ጉልበት

τιμή

ዋጋ

συμβόλαιο

ግንኙነት

φόρος

ቀረጥ

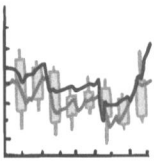

μετοχή

አክስዮን

δουλεύω

መስራት

υπάλληλος

ተቀጣሪ

εργοδότης

ቀጣሪ

εργοστάσιο

ፋብሪካ

κατάστημα

ሱቅ

αστυνόμος
የፖሊስ አዛዥ

πυροσβέστης
የእሳት አደጋ ሰራተኛ

μάγειρας
ምግብ አብሳይ

γιατρός
ዶክተር

πιλότος
አብራሪ

κηπουρός

አትክልተኛ

ξυλουργός

አናጢ

μοδίστρα

ልብስ ሰፊ ሴት

δικαστής

ዳኛ

χημικός

ቀማሚ

ηθοποιός

ተዋናይ

οδηγός λεωφορείου

የአዉቶቢስ ሹፌር

ταξιτζής

የታክሲ ሹፌር

ψαράς

አሳ አጥማጅ

καθαρίστρια

ጽዳት ሰራተኛ

τεχνίτης στεγών

የጣራ ሰራተኛ

σερβιτόρος

አስተናጋጅ

κυνηγός

አዳኝ

ζωγράφος

ሰዓሊ

αρτοποιός

ጋጋሪ

ηλεκτρολόγος

የኤሌትሪክ ሰራተኛ

οικοδόμος

ገምቢ

μηχανολόγος

መሃሃዲስ

κρεοπώλης

ልኳንዳ

υδραυλικός

የቧንቧ ሰራተኛ

ταχυδρόμος

የፖስታ ሰራተኛ

επαγγέλματα - የስራ መ- ያዎች

στρατιώτης

ወታደር

αρχιτέκτονας

መሃንዲስ

ταμίας

የሒሳብ ሰራተኛ

ανθοπώλης

አበባ ሻጭ

κομμωτής

የፀጉር ሰራተኛ

ελεγκτής εισιτηρίων

ቲኬት ቆራጭ

μηχανικός

መካኒክ

καπετάνιος

ካፒቴን

οδοντίατρος

የጥርስ ሐኪም

επιστήμονας

ተመራማሪ

ραβίνος

መምህር

ιμάμης

የሙስሊም ሃይማኖታዊ መሪ

μοναχός

መነኩሴ

ιερέας

ካህን

εργαλεία

መሳሪያዎች

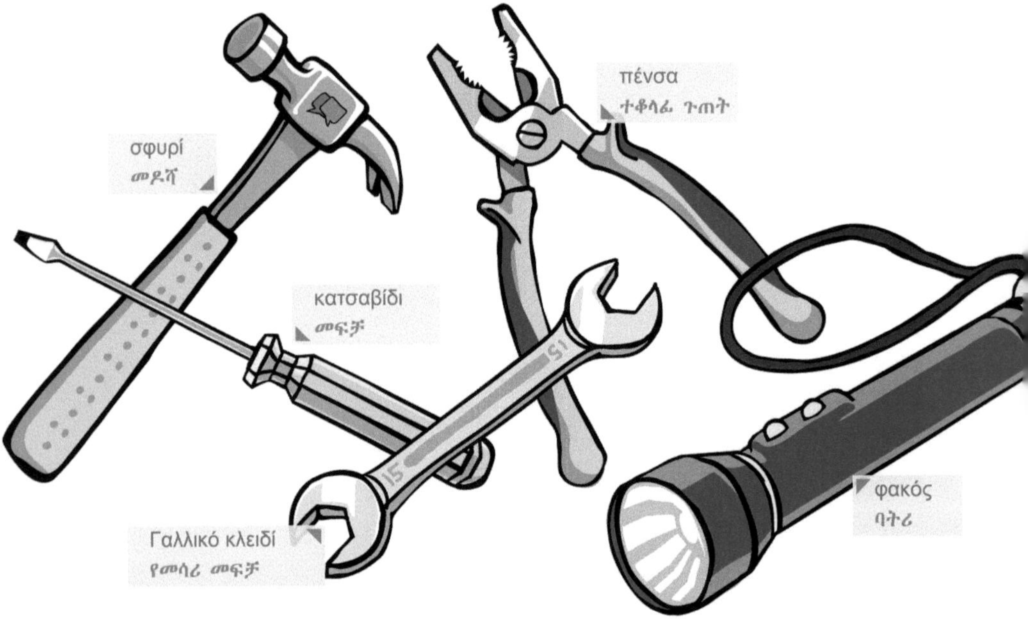

πένσα
ተቆላፊ ጉጠት
σφυρί
መዶሻ
κατσαβίδι
መፍቻ
φακός
ባትሪ
Γαλλικό κλειδί
የመሳሪ መፍቻ

εκσκαφέας

በቁፋሮ የሚዝቅ

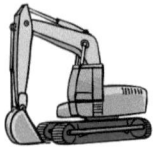

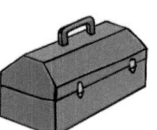

εργαλειοθήκη

የመፍቻ ሳጥን

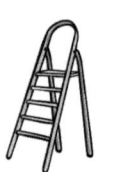

σκάλα

መሰላል

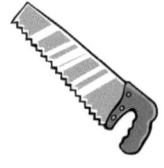

πριόνι

መጋዝ

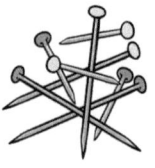

καρφιά

ምስማር

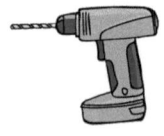

τρυπάνι

መሰርሰሪያ

επισκευάζω

መጠገን

φτυάρι

አካፋ

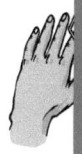

Να

የተ

φαράσι

ቆሻሻ ማፈሻ

δοχείο χρωμάτων

የ ለም ቆርቆር

β

τ

ㅜικά όρ___α

__ዚቃ መሳ___ች

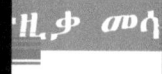

μεγάφωνο
የድምፅ ማጉያ
መሳርያ

ντραμς
የከበሮ መሳሪያዎች

θάρα
__ር መስል የሙዚቃ
__ሪያ

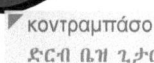

κοντραμπάσο
ድርብ ቤዝ ጊታር

τρομ__
የትንፋ__
መሳሪ__

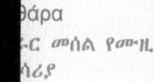

μουσικά όργανα - የሙዚ___ ___ ___ች

57

πιάνο

ፒያኖ

βιολί

ቫዮሊን

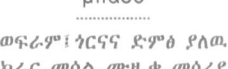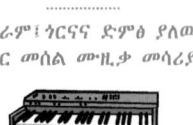

μπάσο

ወፍራም፤ ጎርናና ድምፅ ያለዉ ክራር መሰል ሙዚቃ መሳሪያ

τύμπανα

ነጋሪት

τύμπανο

ከበሮ

πλήκτρα

በኤሌክትሪክ የሚሰራ ፒያኖ

σαξόφωνο

የትንፋሽ ሙዚቃ መሳሪያ

φλάουτο

ዋሽንት

μικρόφωνο

የድምፅ ማጉያ

ζωολογικός κήπος

የደር እንስሳት ማቆያ

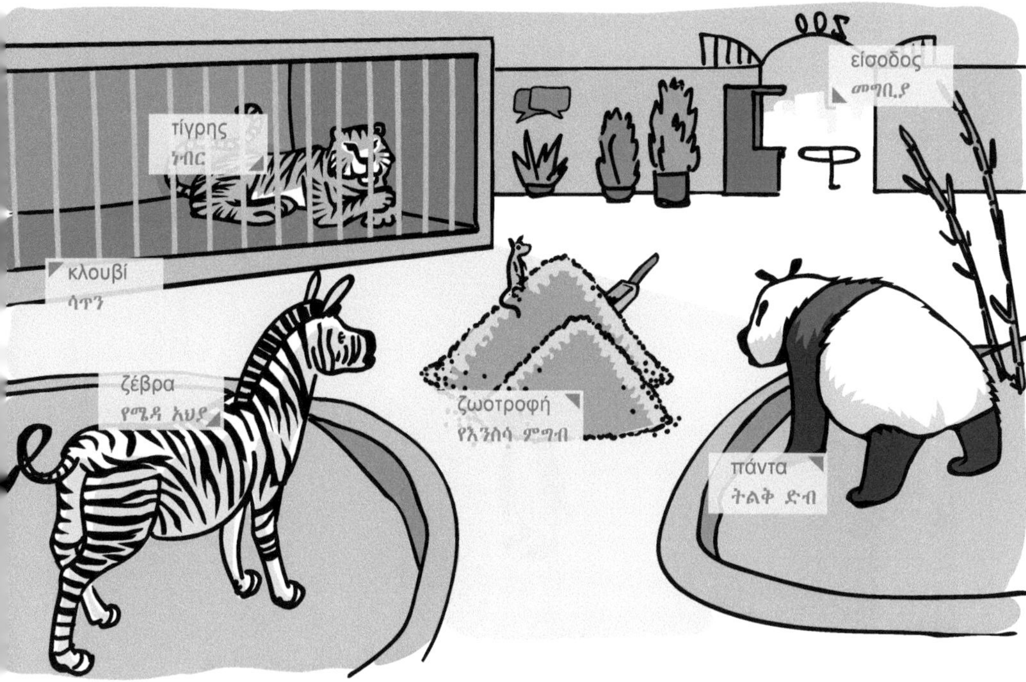

είσοδος
መግቢያ
τίγρης
ነብር
κλουβί
ሳጥን
ζέβρα
የሜዳ አህያ
ζωοτροφή
የእንስሳ ምግብ
πάντα
ትልቅ ድብ

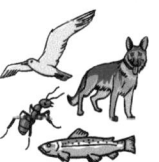

ζώα

እንስሳቶች

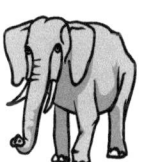

ελέφαντας

ዝሆን

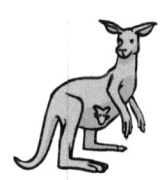

καγκουρό

ካንጋሮ

ρινόκερος

አዉራሪስ

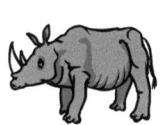

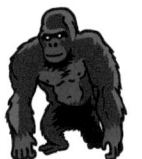

γορίλας

ትልቅ ዝንጀሮ

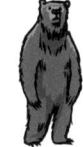

αρκούδα

ድብ

καμήλα

ግመል

στρουθοκάμηλος

ሰጎን

λιοντάρι

አንበሳ

πίθηκος

ጦጣ

φλαμίνγκο

ቀልጥም ረጃም ወፍ

παπαγάλος

በቀቀን

πολική αρκούδα

የወዋላታ ድብ

πιγκουίνος

የዋልታ ወፎች

καρχαρίας

ረጃም ጥርሶች ያሉትአሳ ነባሪ

παγώνι

ጣዎስ

φίδι

እባብ

κροκόδειλος

አዞ

φύλακας ζωολογικού κήπου

የዱር አራዊት የሚጠበቁበት
ማቆያን የሚጠብቅ

φώκια

አሳ በሊታ የባሀር እንስሳ

τζάγκουαρ

የዱር ድመት

πόνυ

ድንክ ፈረስ

λεοπάρδαλη

ነብር

ιπποπόταμος

ጉማሬ

καμηλοπάρδαλη

ቀጭኔ

αετός

ንስር

αγριογούρουνο

ከርከሮ

ψάρι

አሳ

χελώνα

የባህር ኤሊ

θαλάσσιος ίππος

የባህር አጣሬ

αλεπού

ቀበሮ

γαζέλα

የሜዳ ፍየል ፤ ሚዳቋ

Αμερικάνικο ποδόσφαιρο
የአሜሪካ እግርኳስ

ποδηλασία
የብስክሌት ስፖርት

αντισφαίριση
ቴኒስ

μπάσκετ
የቅርጫት ኳስ

κολύμβηση
ዋና

πυγμαχία
የቡጢ ስፖርት

χόκεϋ επί πάγου
በበረዶ ላይ የገና ጨዋታ

ποδόσφαιρο
እግር ኳስ

μπάντμιντον
የላባ ኳስ ጨዋታ

στίβος
አትሌቲክስ

χάντμπολ
የእጅ ኳስ ስፖርት

σκι
የበረዶ መንሸራተት ስፖርት

πόλο
ፈረስ ግልቢያ

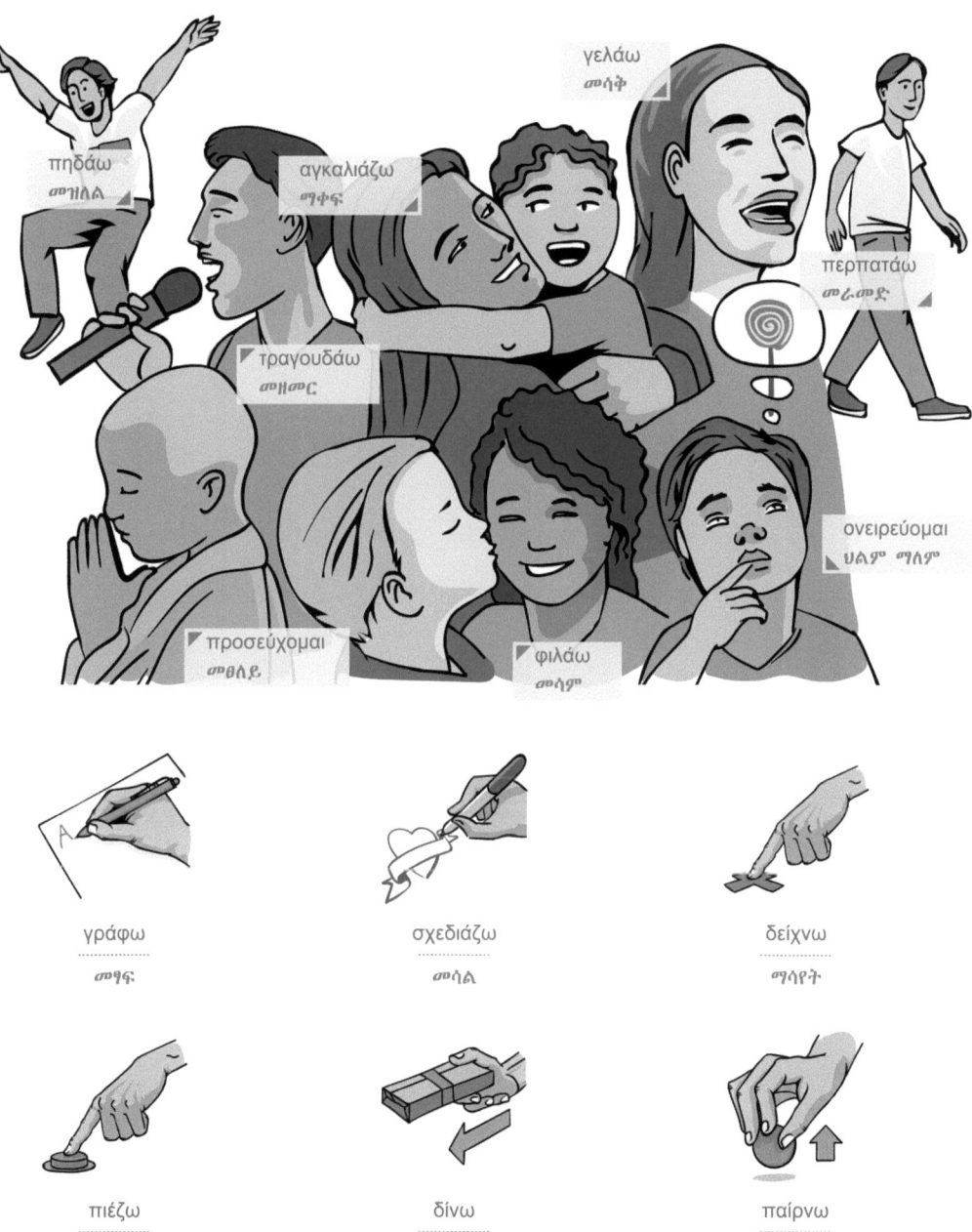

πηδάω
መዝለል

αγκαλιάζω
ማቀፍ

γελάω
መሳቅ

περπατάω
መራመድ

τραγουδάω
መዘመር

ονειρεύομαι
ህልም ማለም

προσεύχομαι
መፀለይ

φιλάω
መሳም

γράφω
መፃፍ

σχεδιάζω
መሳል

δείχνω
ማሳየት

πιέζω
መግፋት

δίνω
መስጠት

παίρνω
መዉሰድ

έχω

ማያዝ

κάνω

ማድረግ

είμαι

መሆን

στέκομαι

መቆም

τρέχω

መሮጥ

τραβάω

መሳብ

ρίχνω

መወርወር

πέφτω

መዉደቅ

ξαπλώνω

መዋሸት

περιμένω

መጠበቅ

κουβαλώ

መሸከም

κάθομαι

መቀመጥ

φοράω

መልበስ

κοιμάμαι

መተኛት

ξυπνάω

መንቃት

κοιτάω

መመልከት

κλαίω

ማለቀስ

χαϊδεύω

መጫር

χτενίζω

ማበጠር

μιλάω

ማውራት

καταλαβαίνω

መረዳት

ρωτάω

ጥያቄ

ακούω

ማዳመጥ

πίνω

መጠጣት

τρώω

መብላት

συγυρίζω

ማንፃት

αγαπάω

ማፍቀር

μαγειρεύω

ምግብ ማብሰል

οδηγώ

መንዳት

πετάω

መብረር

δραστηριότητες - እንቅስቃሴዎች

κάνω ιστιοπλοΐα

መርከብ መንዳት

υπολογίζω

ቁጥሮችን ማስላት

διαβάζω

ማንበብ

μαθαίνω

መማር

δουλεύω

መስራት

παντρεύομαι

ማግባት

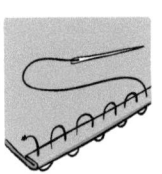

ράβω

መስፋት

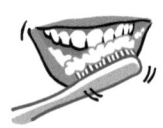

βουρτσίζω τα δόντια

ጥርስ መቦረሽ

σκοτώνω

መግደል

καπνίζω

ማጨስ

στέλνω

መላክ

οικογένεια

ቤተሰብ

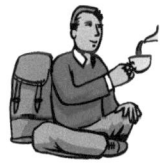

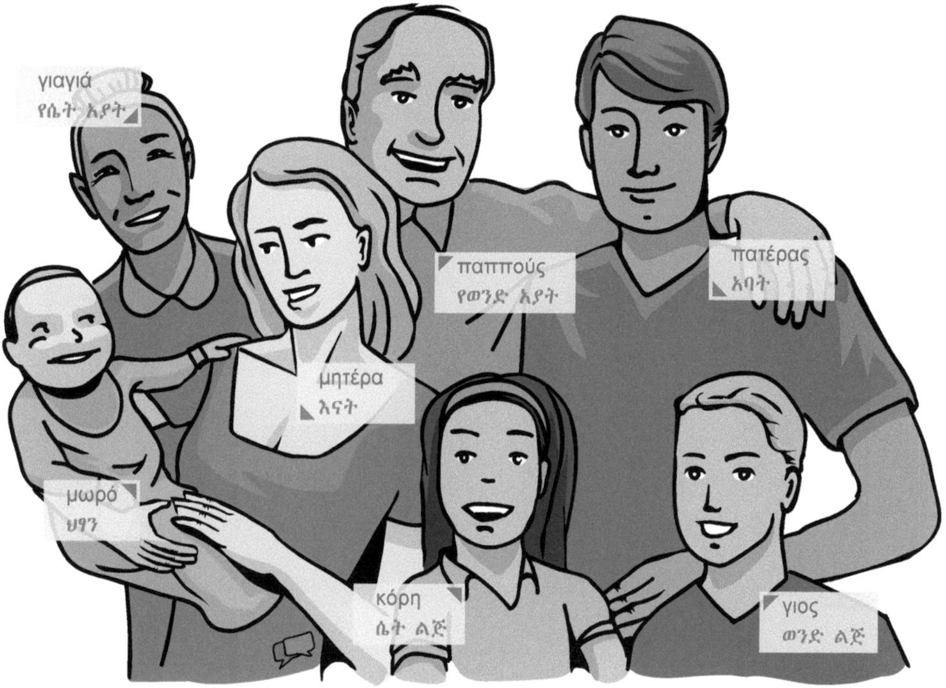
γιαγιά
የሴት አያት
παππούς
የወንድ አያት
πατέρας
አባት
μητέρα
እናት
μωρό
ህፃን
κόρη
ሴት ልጅ
γιος
ወንድ ልጅ

καλεσμένος

እንግዳ

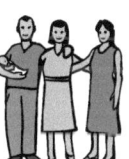

θεία

አክስት

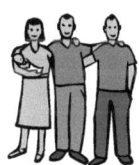

θείος

አጎት

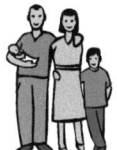

αδελφός

ወንድም

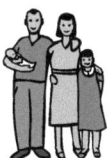

αδελφή

እህት

σώμα

ካል

μέτωπο
ግንባር
μάτι
አይን
ώμος
ትከሻ
δάχτυλο
ጣት
πρόσωπο
ፊት
πιγούνι
አገጭ
χέρι
እጅ
πόδι
እግር
στήθος
ጡት
βραχίονας
ክንድ

μωρό

ህፃን

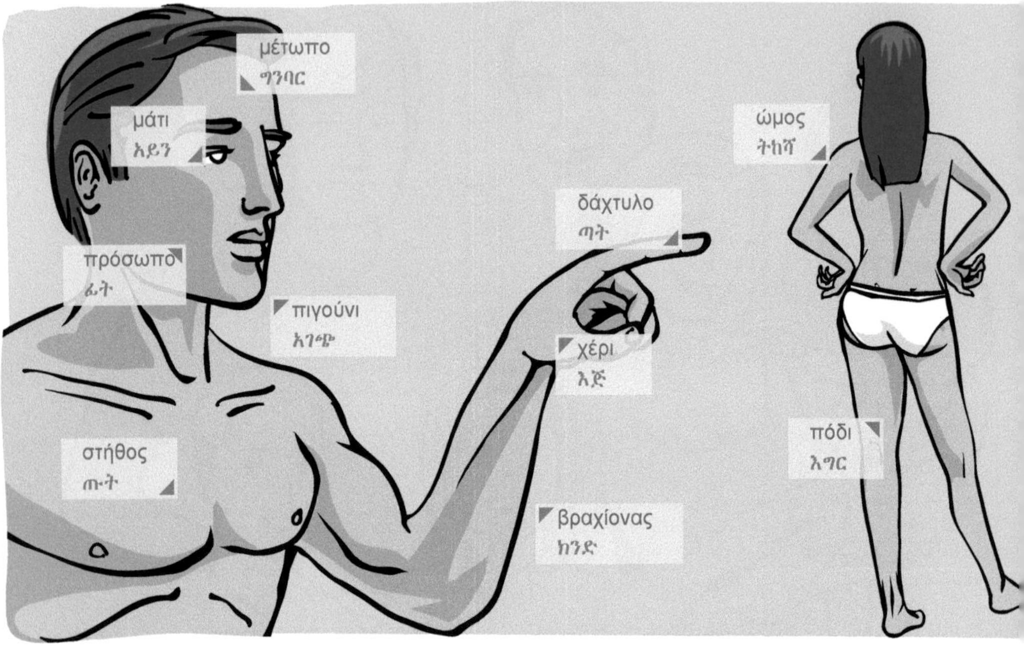

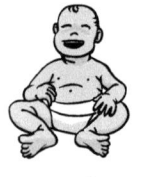

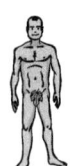

άνδρας

ሰዉ

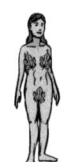

γυναίκα

ሴት

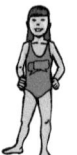

κορίτσι

ልጃገረድ

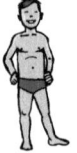

αγόρι

ወንድ ልጅ

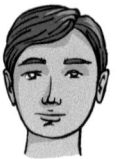

κεφάλι

ራስ

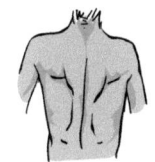

πλάτη

ጀርባ

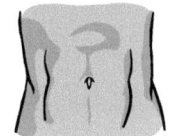

κοιλιά

ሆድ

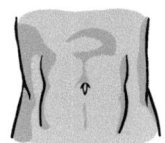

αφαλός

እምብርት

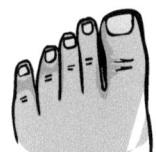

δάχτυλο ποδιού

የእግር ጣት

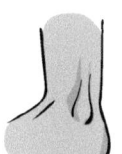

φτέρνα

ተረከዝ

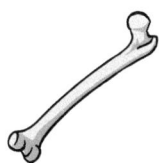

κόκκαλο

አጥንት

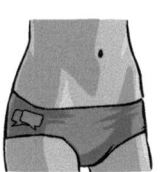

γοφός

ዳሌ

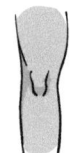

γόνατο

ጉልበት

αγκώνας

ክርን

μύτη

አፍንጫ

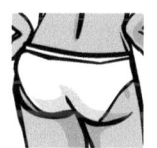

γλουτός

ቂጥ

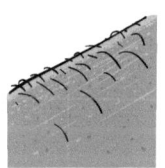

δέρμα

ቆዳ

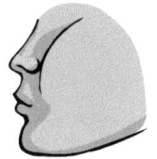

μάγουλο

ጉንጭ

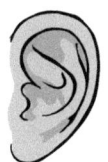

αυτί

ጆሮ

χείλος

ከንፈር

στόμα

አፍ

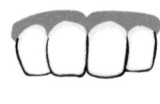

δόντι

ጥርስ

γλώσσα

ምላስ

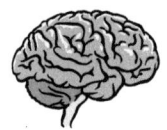

εγκέφαλος

አንጎል

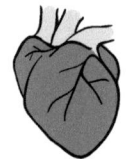

καρδιά

ልብ

μυς

ጡንቻ

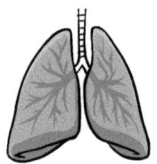

πνεύμονας

ሳምባ

συκώτι

ጉበት

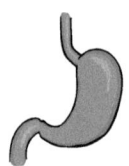

στομάχι

ሆድ

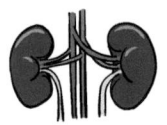

νεφρά

ኩላሊቶች

σεξουαλική επαφή

የግብረስጋ ግንኙነት

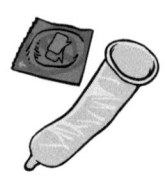

προφυλακτικό

ኮንዶም

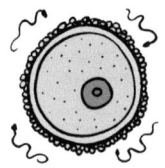

ωάριο

የሴት እንቁላል

σπέρμα

የዘር ፈሳሽ

εγκυμοσύνη

እርግዝና

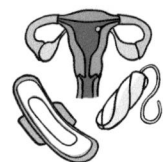

περίοδος

የወር አበባ

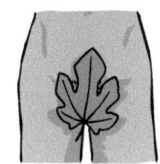

γυναικείος κόλπος

እምስ

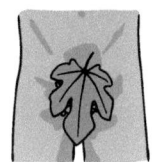

πέος

ቁላ

φρύδι

ቅንድብ

μαλλιά

ፀጉር

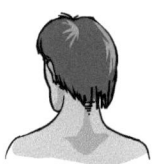

λαιμός

አንገት

νοσοκομείο

ሆስፒታል

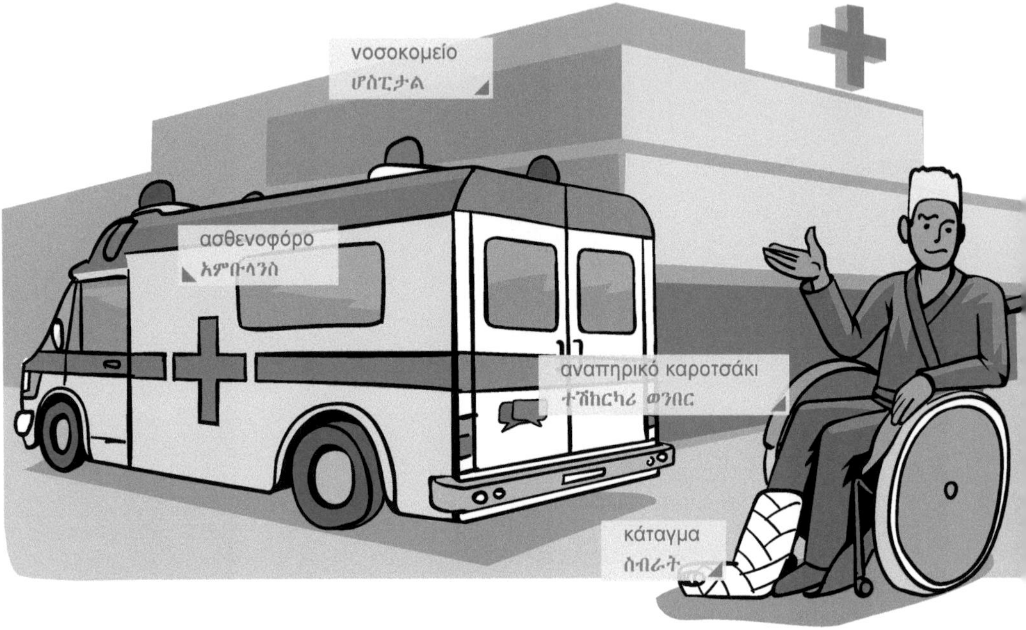

νοσοκομείο
ሆስፒታል
ασθενοφόρο
አምቡላንስ
αναπηρικό καροτσάκι
ተሽከርካሪ ወንበር
κάταγμα
ስብራት

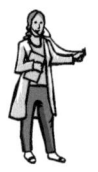

γιατρός

ዶክተር

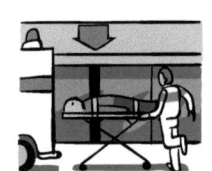

μονάδα εντατικής θεραπείας

ድንገተኛ ክፍል

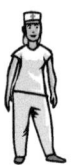

νοσοκόμα

ነርስ

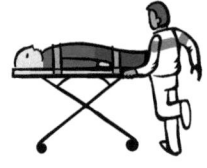

έκτακτη ανάγκη

ድንገተኛ

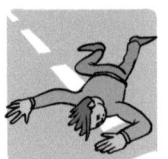

λιπόθυμος

ራስን መሳት/ አለማወቅ

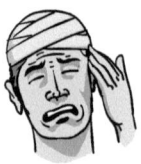

πόνος

ህመም

τραύμα

ጉዳት

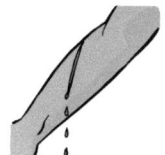

αιμορραγία

መድማት

έμφραγμα

የልብ ድካም

εγκεφαλικό

ስትሮክ

αλλεργία

አለርጂ

βήχας

ሳል

πυρετός

ትኩሳት

γρίπη

ኢንፍሉዌንዛ

διάρροια

ተቅማጥ

πονοκέφαλος

የራስ ምታት

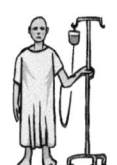

καρκίνος

ካንሰር

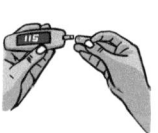

διαβήτης

የስኳር በሽታ

χειρουργός

ቀዶ ጠጋኝ ሐኪም

νυστέρι

የቀዶ ጥገና ስለት

εγχείρηση

ቀዶ ጥገና

αξονική τομογραφία

ሲ.ቲ

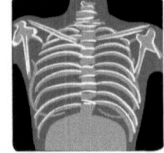

ακτινογραφία

ኤክስሬዮ

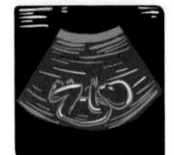

υπέρηχος

አልትራሳዉንድ

μάσκα

የፊት ጭምብል

ασθένεια

በሽታ

αίθουσα αναμονής

መጠበቂያ ክፍል

πατερίτσα

ምርኩዝ

χάνσαπλαστ

የቁስል ማሸጊያ

επίδεσμος

ፋሻ

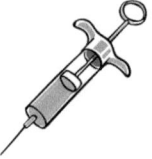

ένεση

መርፌ

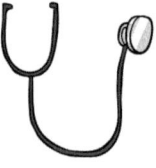

στηθοσκόπιο

የልብ ምት ማዳመጫ መሳሪያ

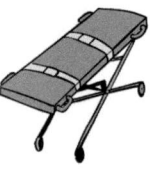

φορείο

የበሽተኛ አልጋ

θερμόμετρο

የህክምና ሙቀት መለኪያ መሳሪያ

γέννηση

መውለድ

υπέρβαρο

ከልክ ያለፈ ክብደት

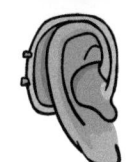

ακουστικό βαρηκοΐας

ለመስማት የሚረዳ መሳሪያ

αντισηπτικό

ፀረ ተባይ መድሀኒት

λοίμωξη

ማመርቀዝ

ιός

ቫይረስ

HIV/AIDS

ኤች አይቪ. ኤድስ

φάρμακο

ሀከምና

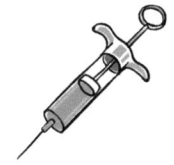

εμβολιασμός

ክትባት

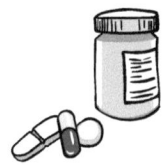

δισκία

ኪኒን

χάπι

ኪኒን

κλήση έκτακτης ανάγκης

አስቸኳይ የስልክ ጥሪ

πιεσόμετρο αίματος

ደም ግፊት መቆጣጠሪያ

άρρωστος / υγιής

ህመም/ ጤንነት

Βοήθεια!

እርዳታ!

συναγερμός

ማንቂያ ደዉል

βιαιοπραγία

ጥቃት

επίθεση

ድብደባ

κίνδυνος

አደጋ

έξοδος κινδύνου

የድንገተኛ መዉጫ

Φωτιά!

እሳት!

πυροσβεστήρας

እሳት ማጥፊያ

ατύχημα

አደጋ

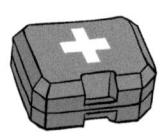

κουτί πρώτων βοηθειών

የመጀመሪያ እርዳታ መድሃኒት መያዣ

SOS

ነፍስ አድን

αστυνομία

ፖሊስ

Ευρώπη

አዉሮፓ

Βόρεια Αμερική

ሰሜን አሜሪካ

Νότια Αμερική

ደቡብ አሜሪካ

Αφρική

አፍሪካ

Ασία

እስያ

Αυστραλία

አዉስትራሊያ

Ατλαντικός Ωκεανός

አትላንቲክ

Ειρηνικός Ωκεανός

ፓስፊክ

Ινδικός Ωκεανός

የህንድ ዉቅያኖስ

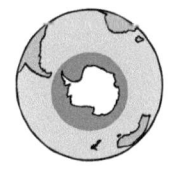

Ανταρκτικός Ωκεανός

አንታርክቲክ ዉቅያኖስ

Αρκτικός Ωκεανός

አርክቲክ ዉቅያኖስ

Βόρειος Πόλος

ሰሜን ዋልታ

Νότιος Πόλος

ደቡብ ዋልታ

Ανταρκτική

አንታርክቲካ

Γη

ምድር

γη

መሬት

θάλασσα

ባህር

νησί

ደሴት

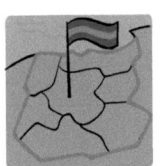

έθνος

አገርና ህዝብ

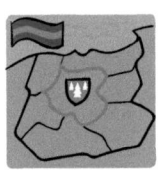

πολιτεία

መንግስት

καντράν ρολογιού

የሰዓት ገፅታ

ωροδείκτης

ሰዓት

λεπτοδείκτης

ደቂቃ

δείκτης δευτερολέπτων

ሴኮንድ

Τι ώρα είναι;

ስንት ሰዓት ነው?

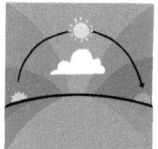

ημέρα

ቀን

χρόνος

ጊዜ

τώρα

አሁን

ψηφιακό ρολόι

የቁጥር ሰዓት

λεπτό

ደቂቃ

ώρα

ሰዓታት

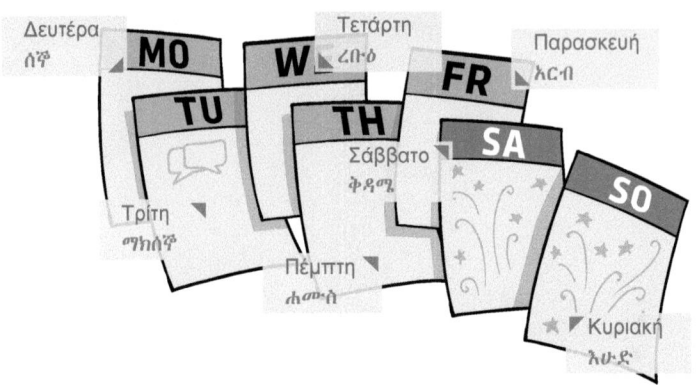

Δευτέρα ሰኞ — MO
Τρίτη ማክሰኞ — TU
Τετάρτη ረቡዕ — W
Πέμπτη ሐሙስ — TH
Παρασκευή ኣርብ — FR
Σάββατο ቅዳሜ — SA
Κυριακή እሁድ — SO

χθες

ትላንት

σήμερα

ዛሬ

αύριο

ነገ

πρωί

ማለዳ

μεσημέρι

ቀትር

βράδυ

ምሽት

MO	TU	WE	TH	FR	SA	SU
1	2	3	4	5	6	7
8	9	10	11	12	13	14
15	16	17	18	19	20	21
22	23	24	25	26	27	28
29	30	31	1	2	3	4

εργάσιμες ημέρες

የስራ ቀናት

MO	TU	WE	TH	FR	SA	SU
1	2	3	4	5	6	7
8	9	10	11	12	13	14
15	16	17	18	19	20	21
22	23	24	25	26	27	28
29	30	31	1	2	3	4

Σαββατοκύριακο

የዕረፍት ቀናት

έτος

ዓመት

βροχή
ዝናብ
ουράνιο τόξο
ቀስተ ዳመና
χιόνι
ጥጥ የሚመስል አመዳይ
በረዶ
ά
ንፋብ
άνοιξη
ፀደይ
καλοκαίρι
በጋ
φθινόπωρο
መኸር
χειμώνας
ክረምት

4.APRIL 11°
5.APRIL 4°
6.APRIL 13°
7.APRIL 8°
8.APRIL 10°

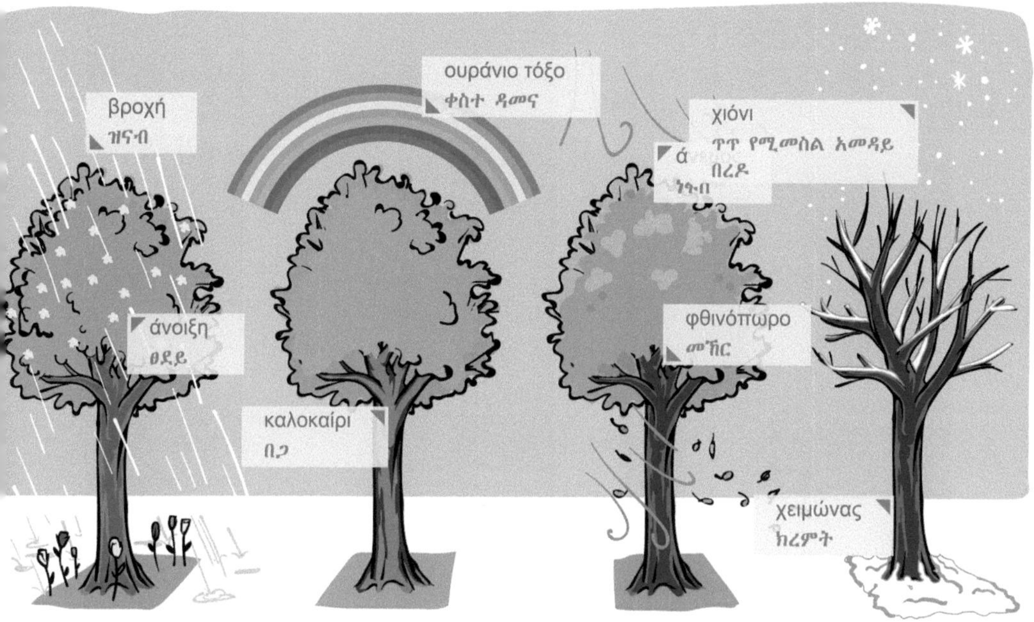

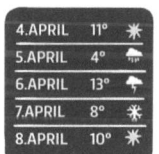

πρόγνωση καιρού

የአየር ሁኔታ ትንበያ

F C
120 40
90 30
60 20
30 10
0 0
-30 -10
-20

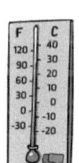

θερμόμετρο

የሙቀት መለኪያ

λιακάδα

የፀሀይ ሙቀት

σύννεφο

ደመና

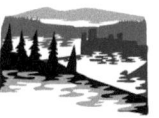

ομίχλη

ጭጋግ

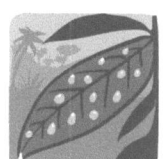

υγρασία

እርጥበታማነት

αστραπή

መብረቅ

κεραυνός

ነጐድጓድ

καταιγίδα

ኣዉሎ ንፋስ

χαλάζι

የበረዶ ዝናብ

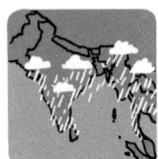

μουσώνας

ኣዉሎ ንፋስ

πλημμύρα

ጐርፍ

πάγος

በረዶ

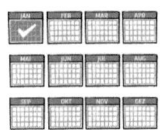

Ιανουάριος

ጥር

Φεβρουάριος

የካቲት

Μάρτιος

መጋቢት

Απρίλιος

ሚያዚያ

Μάιος

ግንቦት

Ιούνιος

ሰኔ

Ιούλιος

ሐምሌ

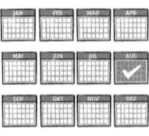

Αύγουστος

ነሐሴ

έτος - ዓመት

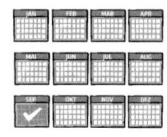

Σεπτέμβριος

መስከረም

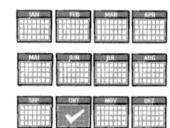

Οκτώβριος

ጥቅምት

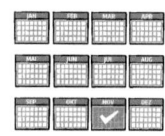

Νοέμβριος

ህዳር

Δεκέμβριος

ታህሳስ

σχήματα
ቅርፆች

κύκλος

ክብ

τετράγωνο

አራት ማዕዘን

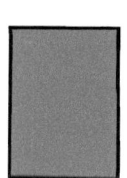

ορθογώνιο
παραλληλόγραμμο
አራት ቀጥተኛ ማዕዘኖች ጎኖች
ያሉት ቅርፅ

τρίγωνο

ሶስት ማዕዘን

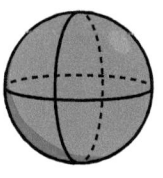

σφαίρα

ኳል

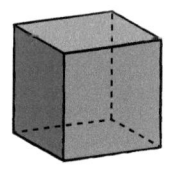

κύβος

ስድስት ጎን ያለዉ ቅርፅ

άσπρο

ነጭ

κίτρινο

ቢጫ

πορτοκαλί

ብርቱካናማ

ροζ

ሮዝ

κόκκινο

ቀይ

μωβ

ወይን ጠጅ

μπλε

ሰማያዊ

πράσινο

አረንጓዴ

καφέ

ቡኒ

γκρι

ግራጫ

μαύρο

ጥቁር

πολύ / λίγο

ብዙ/ ጥቂት

θυμωμένος / ήρεμος

ንዴት/ እርጋታ

όμορφος / άσχημος

ቆንጆ/ አስቀያሚ

αρχή / τέλος

ጅማሬ/ ፍፃሜ

μεγάλος / μικρός

ትልቅ/ ትንሽ

φωτεινός / σκοτεινός

ደማቅ/ ደብዛዛ

αδελφός / αδελφή

ወንድም/ እህት

καθαρός / λερωμένος

ንፁህ/ ቆሻሻ

πλήρης / ατελής

የተሟላ/ ያልተሟላ

ημέρα / νύχτα

ቀን/ ምሽት

νεκρός / ζωντανός

የሞተ/ ህያዉ

φαρδύς / στενός

ሰፊ/ ጠባብ

βρώσιμος / μη βρώσιμος

የሚበላ / የማይበላ

κακός / ευγενικός

ክፉ/ ደግ

ενθουσιασμένος /
βαριεστημένος

ደስተኛ/ ድብርተኛ

παχύς / λεπτός

ወፍራም/ ቀጭን

πρώτος / τελευταίος

መጀመርያ/ መጨረሻ

φίλος / εχθρός

ጓደኛ/ ጠላት

γεμάτος / άδειος

ሙሉ/ ጎዶሎ

σκληρός / μαλακός

ጠንካራ/ ለስላሳ

βαρύς / ελαφρύς

ከባድ/ ቀላል

πείνα / δίψα

ረሃብ/ ጥማት

άρρωστος / υγιής

ህመም/ ጤንነት

παράνομος / νόμιμος

ህገወጥ/ ህጋዊ

έξυπνος / χαζός

ጎበዝ/ ደደብ

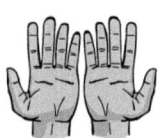

αριστερός / δεξιός

ግራ/ ቀኝ

κοντινός / μακρινός

ቅርብ/ ሩቅ

καινούριος /
μεταχειρισμένος

አዲስ/ አሮጌ

τίποτα / κάτι

ምንም/ የሆነ ነገር

γέρος | νέος

ሽማግሌ/ ወጣት

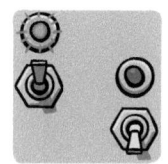

αναμμένος / σβηστός

የበራ/ የጠፋ

ανοιχτός / κλειστός

ክፍት/ ዝግ

χαμηλόφωνος /
μεγαλόφωνος

ፀጥታ/ ጫጫታ

πλούσιος / φτωχός

ሃብታም/ ደሃ

σωστός / λανθασμένος

ትክክለኛ/ የተሳሳተ

τραχύς / λείος

ሻካራ/ ለስላሳ

λυπημένος / χαρούμενος

ሐዘን/ ደስታ

κοντός / μακρύς

አጭር/ ረዥም

αργός / γρήγορος

ዝግተኛ/ ፈጣን

υγρός / στεγνός

እርጥብ/ ደረቅ

ζεστός / δροσερός

ምቃት/ ቀዝቃዛ

πόλεμος / ειρήνη

ጦርነት/ ሰላም

αντίθετα - ተቃራኒዎች

0
μηδέν
ዜሮ

1
ένα
አንድ

2
δύο
ሁለት

3
τρία
ሶስት

4
τέσσερα
አራት

5
πέντε
አምስት

6
έξι
ስድስት

7
εφτά
ሰባት

8
οκτώ
ስምንት

9
εννιά
ዘጠኝ

10
δέκα
አስር

11
έντεκα
አስራ አንድ

12

δώδεκα

አስራ ሁለት

13

δεκατρία

አስራ ሶስት

14

δεκατέσσερα

አስራ አራት

15

δεκαπέντε

አስራ አምስት

16

δεκαέξι

አስራ ስድስት

17

δεκαεφτά

አስራ ሰባት

18

δεκαοκτώ

አስራ ስስምንት

19

δεκαεννέα

አስራ ዘጠኝ

20

είκοσι

ሃያ

100

εκατό

መቶ

1.000

χίλια

ሺህ

1.000.000

εκατομμύριο

ሚሊዮን

Αγγλικά

እንግሊዝኛ

Αμερικάνικα Αγγλικά

የአሜሪካ እንግሊዝኛ

Μανδαρίνικα Κινέζικα

የቻይና ማንዳሪን

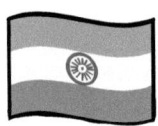

Χίντι

ሂንዱ

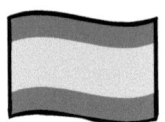

Ισπανικά

ስፓኒሽ

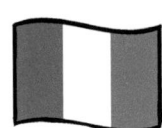

Γαλλικά

ፍሬንች

Αραβικά

አረብኛ

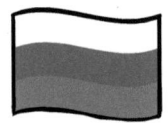

Ρώσικα

ራሺያኛ

Πορτογαλικά

ፖርቹጊዝ

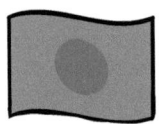

Μπενγκάλι

ቤንጋሊ

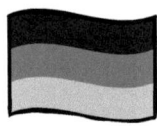

Γερμανικά

ጀርመን

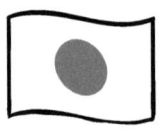

Ιαπωνικά

ጃፓንኛ

εγώ

እኔ

εσύ

አንተ

αυτός / αυτή / αυτό

እሉ/ እርሷ/ እቃዉ

εμείς

እኛ

εσείς

አንተ

αυτοί / αυτές / αυτά

እነርሱ

ποιος / ποια / ποιο;

ማን?

τι;

ምን?

πώς;

እንዴት?

πού;

የት?

πότε;

መቼ?

όνομα

ስም

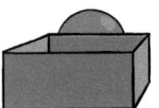

πίσω

በስተጀርባ

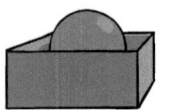

μέσα

ዉስጥ

μπροστά

ከፊት ለፊት

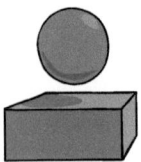

πάνω από

ከላይ

πάνω

ላይ

κάτω

ከስር

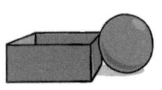

δίπλα

አጠገብ

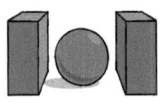

ανάμεσα

መሃከል

μέρος

ቦታ